欧爸动能
OUBA KINETIC ENERGY
—让中国家庭幸福起来—

让爱回家

欧阳维建 著

让孩子的心灵有个家

在阅读本书之前，
先来听听欧爸
对大家的寄语吧！

SPM
南方出版传媒
广东经济出版社
·广 州·

图书在版编目（CIP）数据

让爱回家：让孩子的心灵有个家／欧阳维建著．—广州：广东经济出版社，2020.8
ISBN 978－7－5454－7274－5

Ⅰ．①让…　Ⅱ．①欧…　Ⅲ．①家庭教育　Ⅳ．①G78

中国版本图书馆 CIP 数据核字（2020）第 122423 号

责任编辑：周伊凌　陈　潇　张　齐　李雨昕
责任技编：陆俊帆
封面设计：友间文化

让爱回家：让孩子的心灵有个家
RANG AI HUIJIA：RANG HAIZI DE XINLING YOU GE JIA

出版人	李　鹏
出　版 发　行	广东经济出版社（广州市环市东路水荫路 11 号 11～12 楼）
经　销	全国新华书店
印　刷	广东信源彩色印务有限公司 （广州市番禺区南村镇南村村东兴工业园）
开　本	880 毫米×1230 毫米　1/32
印　张	6.5
字　数	130 千字
版　次	2020 年 8 月第 1 版
印　次	2020 年 8 月第 1 次
书　号	ISBN 978－7－5454－7274－5
定　价	39.00 元

图书营销中心地址：广州市环市东路水荫路 11 号 11 楼
电话：（020）87393830　邮政编码：510075
如发现印装质量问题，影响阅读，请与本社联系
广东经济出版社常年法律顾问：胡志海律师

序　言

Preface

让孩子的心灵有个家

2017年5月1日，我被一个女孩的演讲深深打动了。她演讲的主题是“我的父母”，时间只有三分钟。

她说：“很遗憾，本来这一次‘五一’假期我们一家三人出行，准备来北京听欧爸的课，结果爸爸管理的那所学校发生了一件非常重大的、令人叹惋的事情——有一个女孩自杀了。我的爸爸无论是从一个父亲的角度，还是从一个领导者的角度来讲，都在非常积极、妥善地协调处理。但是由于那个女孩的家庭状况，以及她的自身状况，这件事情暂时还没有平息，我的父亲为此非常忧虑烦心。作为女儿，我非常心疼我的父亲。为了避免这样的家庭悲剧再次发生，我非常希望所有的父母都能够真正地爱自己的孩子，而不是打着爱的名义伤害孩子。还有我们的老师，不要只教不育，只教文而不教化，应该跟孩子认真地沟通一次。把孩子的成绩看得比孩子的生命更重要，那不是真爱；把名次看得比孩子的快乐还重要，那不是真爱。作为女儿，我心疼我的父亲；作为旁观者，我为现在的社会状况感到忧虑，我恳请所有的爸爸妈妈真正地学会爱自己的孩子，不要让类似的家庭悲剧再发生。我们有这样的义务，我们也应该有这样的觉悟去呼吁所有人，能够互相爱，能够学会爱。谢谢大家！”

当时我在北京举办第四届中国父母教育节，这个女孩就是登台演讲的众多少年演讲家中的一员。演讲结束后她站在台上，恳请我去她父亲所在的学校讲家庭教育课。我当时还处在被她的演讲所打动的情绪中，于是就问同在现场听她演讲的数百位爸爸妈妈们：“我要不要去？去的话要不要收费？”大家异口同声说：“去！不收费！”

后面我调整了行程去当地讲学，而且在一天之内连讲了四场。但是关于收不收费的问题，我当时向各位现场的爸爸妈妈们说：“我去的话一定要收费，因为我既没有政府资助，又没有社会捐助，我需要养活我的家庭和我的团队，我需要给国家交税，而且我讲学的内容本身就是有价值的，这次去的又是刚刚发生过校园悲剧的地方，学生、老师、家长三方都有心理创伤需要修复。所以，我必须收费，即使只收一块钱，我也要收费。这既是对我自己负责，更是对听我讲学的人负责。”

其实，由于我患有痛风症，以及公司发展的规划，我原本想要退下讲台，不再这么拼命讲课，想要留出更多时间辅导年轻的、优秀的讲师。但是这个女孩的演讲又一次激发了我讲学的动力。“拼命是为了救命”“能帮一个是一个，能助一家是一家”“把疲惫当陶醉，把磨难当陪伴，把辛苦当幸福”……我就用这些“‘倒过来’爱的智慧价值观”激励自己，继续站上讲台讲课。后面据我的助理海星统计，2017年5月我总共举办了53场讲学活动，有18000余人参加，平均1.7场/天，340人/场。

实事求是地说，我认为目前我国的家庭教育发展有三大阻力，其中一个就是为人父母者“太忙、太不重视、太自以为是”。一方面，父母真正用在家庭教育上的时间和精力不够；另一方面，父母缺乏虚心和耐心去认真学习家庭教育。他们要么忽略孩子精神生命的健康成长，要么用错误的家庭教育方式伤害孩子。父母缺爱，就容易造成家庭缺爱、孩子缺爱，一个长期缺爱的家庭或者一个长期缺爱的孩子则容易出问题。

我因为在大学期间家里发生了一些变故，所以从那时起立志从事家庭教育事业，带领团队研究家庭教育至今已逾35年。我曾在《倒过来爱的秘密》一书中写道：“没有爱就没有教育。”在书中，我强调了我们只有为教育注入爱，才能教育出有爱的动力和爱的能力的孩子。但这是一本系统讲述“倒过来”爱的动能教育思想的书，比较适合教师和教育研究者阅读。

而近几年来，我一直想为广大父母写一本适合他们直接阅读的、关于爱的教育的书。虽然我早在2002年就呼吁制订“父母合格考级”制度，并在2011年与2014年先后出版了《爱能赢：合格父母考级专用教材》（中小学版）和《爱能赢：合格父母考级专用教材》（幼儿父母版），但这两本书都是从教材的角度编撰而成的，阅读起来并不轻松。

现在，我终于在完成全国千场以“让爱回家”为主题的讲学活动的基础上，写下了这本《让爱回家——让孩子的心灵有个家》。

本书从安全感、自尊感、价值感三个维度解读爱是什么，同时突出家庭三大爱的功能——亲密陪伴、动能支持和幸福系统，重点强调家庭是孩子爱的动力的“充电站”，是孩子爱的能力的“演讲台”，而父母要成为孩子的“动力井”。

本书在理论层面阐述了“自尊是精神生命的底线，自尊面前人人平等”“安全感是爱的前提，父母是孩子安全感的来源”等家庭教育价值观；在方法层面明确了“家庭幸福‘六不法则’”“对待缺点的三种正面态度”“提升五大真爱动力，强化六大真爱能力”等家庭教育准则；在实际操作方面分享了“家庭诊断”“家庭陪伴支持”“家庭动能幸福系统”等家庭教育专业方法。

书中还有丰富的、典型的家庭教育社会事例和培训实例，它们都源自我和“欧爸动能”讲师团队平日的讲课实践。

特别感谢全国各地的少年演讲家及其父母对我的支持和信任，他们在构建“家庭动能幸福系统”中的实践，是推动我在家庭教育道路上奋斗向前的不竭动力。

特别感谢我的妻子张慈珍女士和我的两个儿子，他们对我的包容、理解、陪伴和支持，让我没有后顾之忧，能够满载幸福的能量去面对更多的家庭。

尤其要感谢的是优秀的动能教育专员周志标老师（海星），是他帮助我总结、整理并完成了本书。

我常常说我自己就像是一个“教育农民”，在孩子心灵的土壤里耕耘。因为孩子们所有被教导的知识和技能，只有培育在爱的土壤里才能成长为参天大树。

我期盼越来越多的父母早日走进家庭教育的课堂，让我能支持越来越多的孩子早日完成从物质生命向精神生命的交接，我祝愿越来越多的家庭早日构建起属于他们的“家庭动能幸福系统”。

让爱回家，就是要让孩子心中有爸妈！

让爱回家，就是要让孩子的心灵有个家！

世界再小，也要有家！

世界再大，也要回家！

欧阳维建

2020年3月31日写于广州

前　　言

Foreword

这是一个智能网络飞速发展的时代。大多数人已经习惯在手机上买衣服、点外卖、打车、看地图等，许多家庭也购买了智能空调、智能热水器、智能洗衣机、智能电视机等。可以说，家庭物质生活的各个方面，已经被智能网络渗透影响。同时，家庭的精神生活也逐渐被智能网络侵入，大量的家庭成员的时间被手机占据，我们在手机上刷视频、听音乐、看小说、玩游戏、聊天……

这是一个父母需要接受教育的时代。一方面，手机游戏、网络暴力、负面新闻、人工智能、网络课堂、家长作业等，让不学习的父母措手不及，父母需要好好学习，才能避免成为孩子成长的“天花板”。另一方面，由“别人家的孩子”和“别人家的爸妈”等虚构或现实的角色组成的所谓“理想家庭”，让不学习、不成长的父母，无法达到孩子的期待。

这是一个需要构建“家庭动能幸福系统”的时代。因为这个时代强调家庭成员平等相处，父母对孩子有期待，孩子对父母也有期待，家庭矛盾的化解需要在家庭层面用系统的方式来实现，而不是由某一个人说了算。并且，家庭的幸福需要所有家庭成员共同经营，有时甚至需要家庭外部力量的介入，陪伴、支持家人一起面对困难、战胜困难。

本书紧紧围绕家庭教育的核心——“爱”这个字展开讨论，强调让爱回家必须做到三点：一是要让父母有爱，只有父母提高了自己爱的动力和能力，才能给孩子正确的、充分的陪伴与支持；二是要让家庭有爱，真正从家庭系统的角度出发，减小家庭内部阻力和减少负面情绪，叠加爱的动力与能力，构建“家庭动能幸福系统”，让家庭之爱有保障、有价值；三是要让孩子有爱，让孩子的心灵有个家，只有让孩子爱上父母，爱上家，并让这份爱变成自己动力和能力的来源，孩子才能真正成为自信的人，家庭的幸福才能最终实现。

“活对时代活对爱”，这是近几年来我在全国讲学的主题，也是“让爱回家”的基本前提。各位父母们，孩子的成长不可等待、不可复制、不可替代、不可重来。因此，我把我个人56年的生命经验和欧爸动能团队十余年来的教育经验总结成了这本《让爱回家——让孩子的心灵有个家》，希望在你陪伴孩子一起成长、改变和突破的路上，它能给你提供一些参考，让你少走一些弯路。

每个孩子都是创造奇迹的人，我们作为父母要帮助他们构建创造奇迹的动能系统。在陪伴孩子的过程中，父母能做的不多，因为盲目的付出可能会带来更差的结果。但是只要我们用心去感受，去关注并提升孩子的安全感、自尊感和价值感，我们就能找到一些有效的方法。

相比那些尚处在贫困、战乱和疾病中的人们，我们确实生活在一个幸福的时代和幸福的国家里。愿越来越多的父母好好学习、天天向上，愿越来越多的中国家庭幸福起来，愿越来越多的孩子成为自尊、自信的自己！

最后，为便于阅读，对书中部分名词解释如下：

1. 动能：对动力和能力的简称，强调二者互相关联、缺一不可。

2. 动力级别：指做人做事的内在驱动力强弱程度，具体分为接受、喜欢、崇拜、感恩、信仰五个级别。

3. 动能贵人：指既能使人提升动力，又能使人增强能力的贵人。

4. 动能系统：是对一定范围内或特定对象的所有动力与能力的总称，并表示这些动力和能力之间存在的某些关联。

5. 欧爸：指欧阳维建老师，欧爸是孩子们对他的一个亲切称呼。

6. 欧爸动能：指欧阳维建老师创立的欧爸动能教育文化集团。

7. 少年演讲家：是欧爸动能最早研发的教育品牌，主要针对4~18岁儿童和青少年开展演讲活动和亲子课程等，也指参加这些活动和课程的孩子。

8. 陪伴支持：指父母、老师、同龄群体或动能陪伴师等对孩子的陪伴和支持，以强化孩子的动能系统。也可统指动能陪伴师在学员家庭的全部工作。

9. 动能陪伴师：指由欧爸动能统一培训并具备相应资质的家庭教育专业老师，和动能讲师、动能咨询师并列为欧爸动能三大师资力量。

10. 家庭动能幸福系统：指欧爸动能研发的一系列家庭教育课程，针对不同家庭的动能系统制定相应的咨询和陪伴支持方案，系统地改善家庭成员关系，提升家庭幸福感。

11. 倒过来：是对“倒过来爱的动能教育思想文化”的简称，强调关注孩子的动能系统，平等、真实、欣赏、信任地对待孩子，让孩子成为自信的自己。也指“倒过来”爱的手势。

12. 父母导师：全称为动能父母导师，是指由欧爸动能统一培训并具备相应资质的父母学员，可提供家庭教育咨询、夫妻关系和亲子关系疏导等服务。

13. 动能专员：全称为动能教育专员，是指由欧爸动能统一培训并具备相应资质的高校毕业生，具备学科辅导、课程陪伴、活动执行等能力，优秀者将获得动能陪伴师的培训资格。

目　录

Contents

第四章 活对时代活对爱

第五章 构建“家庭动能幸福系统”

Chapter One

第一章

爱是什么

爱是什么？这是一个既古老又深远的话题。面对新时代社会的巨大变迁，我们必须重新思考这个话题，以便能更好地处理和家人或和他人的关系。

“爱”是本书的核心字眼。本章将聚焦家庭亲子之爱，深刻剖析爱的真谛。

现在就让我们一起踏上这条“爱”的学习、练习和修习的道路吧！

爱是安全感，是自尊感，是价值感！
扫码获取欧爸免费视频课，
一起进行“爱”的深入学习吧！

第一节　爱是安全感

一、安全感是爱的前提

2019年10月14日，我在郑州讲授“父母导师”课程，和这批父母导师学员探讨“爱是什么”。课堂上有人说如果夫妻双方给不了孩子安全的保障，就不要生孩子。这一点我是赞成的，爱的前提是安全感。

逃离痛苦、追求快乐是人的第一大天性，其实本质就是追求安全感。正常情况下，如果一个人连吃饱穿暖和生命安全都成问题，还谈什么爱？

安全感是爱的根，这个根出了问题，其他地方就会出问题。既不能顺利地让别人爱自己，自己也不能很好地去爱别人。

人如果没有了安全感，身边所有人给予他的爱，他都会接收不到。在家里，孩子的安全感主要来源于父母，如果父母经常打骂、比较、忽略、讽刺孩子，孩子就会没有安全感。

有的父母可能会对孩子这么说：

> 我给你吃好的……

我给你穿好的……

我给你住好的……

我为了你累死累活……

我给了你这么多，为什么你还是这个样子？！

父母不理解，觉得自己已经想方设法给孩子足够丰富的物质生活，但是孩子给自己的回应，却远远比不上自己给予孩子的。他们不知道的是，安全感是爱的第一需求。在家里缺乏安全感的孩子，就会用各种各样的“状况”和“问题”来引起父母的关注，而不明就里的父母只看到了孩子“不求上进”。

我常常在讲学时提议夫妻之间若吵架就去外面吵，千万不要在家里吵。因为孩子或许并不明白爸爸妈妈吵架的原因，但是他在看到爸爸妈妈吵架时会感受不到爱，在那一刻，他感受不到爸爸爱妈妈，也感受不到妈妈爱爸爸，最糟糕的是他觉得自己被忽略了，家里已经没有爱的温暖和安全感。

评价父母是否合格的唯一标准，就是能否给孩子带来安全感。

还记得我的大儿子欧阳威特曾在一次父母导师班分享说：“虽然爸爸不常在我身边，但是他每天都会给我和妈妈打电话，爸爸会讲他当天遇到的有趣的事情，听了他的讲述，我仿佛身临其境，他帮助我拓宽了视野。那种来自远方的温暖感觉，让我觉得很幸福，就像爸爸在身边一样，我甚至比我那些父亲在身边的同学感觉还要好……”

图1　大儿子欧阳威特和我

二、家是安全感的港湾

每个人都有三次“出生”，而且每次“出生”都和安全感紧密相关。

第一次“出生”是受精卵在子宫着床，母体子宫温暖适宜的环境就是人的第一个家，这是每个人安全感的最初来源。第二次“出生”是胎儿脱离子宫，新生儿正式来到爸爸妈妈组建的家庭里，并在家人的呵护、培育下健康成长。第三次“出生”则是漫长的，它是指人的自我意识、自我人格的形成与成熟的过程，完成这最后一次“出生”，意味着人具备了足够的安全感，能够独立自主地参与社会工作和生活，并能够组建自己的家庭。

我培养的少年演讲家们会经常重复学习一些重要的价值观，这些价值观会帮助他们逐渐形成正面、积极、阳光、快乐、幸福的自我人格品质。其中有一条价值观是这样的：“我是最棒的！我是独一无二的！我是创造奇迹的人！我一定会成功！”我认为一个人成功地经历第一次和第二次“出生”，他就是一个创造奇迹的人。因为从成为受精卵到顺利降生的这一段奇妙旅程中，他早已战胜了亿万个竞争者和克服了千辛万苦，他已经创造了生命新生的大奇迹。

繁体的“爱”字由三个部分组成：第一部分是“心”以上的偏旁部首，在“冖”上面增加了一撇和两点，像是一家三口共同撑起一片天；第二部分是“心”，表示“爱”不仅要有物质基础，也要在精神方面做到有心、关心、用心；第三部分是“夂”，有管教和规训的意思。简化后的“爱”字把繁体的“爱”字下面两部分变成了“友”，强调了平等相处、互帮互助、友好合作等爱的现代含义。

图2　欧爸动能思想文化系列图——爱的解读

英语中家庭的单词是“family”，有人把它拆分为“father and mother I love you”，原来“家”就是“爸爸妈妈我爱你们”，家庭之爱不仅是父母对孩子的爱，更是孩子对父母的爱。在后文中我将会对这一点作更加深入的阐述。

就在写这一节的内容时，我看到一则新闻——《暖闻：女子赴广东务工与家人失联三十余年，重庆警方助其团圆》，说的是在广东打工的王女士与家人失联30多年，经广东和重庆两地公安民警帮助，王女士最终找到了失散30多年的亲弟弟并恢复自己的原籍。57岁的王女士喜极而泣，连声感谢民警，她感慨说："总算是完成了我一直以来的一个心愿。"是啊，能和家人在一起，平平安安、健健康康、快快乐乐，就已经是莫大的幸福了。

三、父母是孩子安全感的来源

爱有真假之分，不少人打着爱的名义做别的事情。爱有正负之分，正面的爱让人感到被尊重、温暖、有力量，负面的爱让人感到压抑、痛苦、绝望。

有些父母只顾自己辛苦付出，不管孩子是否领情或感恩；有些父母要求孩子干这干那，不论孩子是否乐意。这些父母对孩子的情感当然是真实的、发自内心的，只是用了不正确的方式表达，让孩子没法很好地接受。亲子关系不好，甚至发生亲子冲突和家庭悲剧的原因，大多是父母和孩子之间的爱出了问题。

2017年11月14日，江苏徐州一个10岁的小女孩自杀，留下两页遗书和一段三分钟左右的告别视频。有记者整理出了遗书的文字版：

爸妈奶姐弟当你们看到这fēng（封）信时不（我）有可能不在事（世）了（。）因为我学习不好（。）妈爸奶姐弟我死不是因为你们也不是因为我的老师。是因为我自己（。）再见了妈妈（，）再见了爸爸（，）再见了姐姐（，）再见了弟弟（，）（再）见了姥姥（。）是我不xiào jìn（xiào jìng，孝敬）你（们。）下bèi（辈）子再来当你们家的好女儿。

我死了之后把我的衣服就给我的好朋友付××和刘××吧！我死了不yào（要）太想我（，）拜拜了（。）全家dāo过（包括）我大姑、小姑、奶奶你一定要好好活发（着，）要不然我死也死的（得）不快乐。妈妈你和爸爸也要好好活着（，）你们全都要好好活着——因为我太想去天上看看了（，）拜拜了（，）再见了。还有给你们不tiān luàn（添乱）（，）（不给你们添乱）你也不用天天打我骂我了（。）qí时（其实）你骂我的时候我特别开心。我不是因为你们什么什么的事情（，）因为我有两个dí（敌）人（，）就是赵××、刘××（，）我tǎo yàn（讨厌）她们两个人。老师不让我考试了（，）我活在世上也没有意意（义）了（，）拜拜了。

——徐州10岁女孩《gào别信，拜拜》文字

“你们是打我骂我，但是我知道一切都是对我好的。”“我真想在天堂照顾你们一辈子。”“你们两个谁都不

要跟谁吵架，你们吵架我在天堂走得也不安心。”“记住我的样子了吗？我的样子很漂亮的。”小女孩在告别视频里一句句戳心的话，让我们泪流不止的同时又不免陷入沉思。

一位主持人这样总结：“一个长期遭受父母打骂的女孩准备去死的时候，还在为父母开脱，为家人考虑，真的是让人看了太伤心了！世界对她太粗暴，而她只能默默地承受，小小的身心承受不了，就选择离开这个世界。请每一个人都温柔地对待我们的孩子，也请每一个家庭别再酿造悲剧，别再制造绝望，给孩子一个温暖的港湾。”

我们再来看看另外一个家庭，他们虽然遭遇不幸，但是一家人不离不弃，共同面对困难，在备受煎熬的同时却反馈给家人和这个世界最美的温暖：

您总说只要人还在，其他的都不重要；只要我们努力，想要的以后都会有；现在吃点苦以后就可以多享福……我每次想起这些话都倍感骄傲。您虽然没高学历，却比谁都活得有文化。

您用自己的行动教会我勤劳自立、待人宽容。您身材瘦小，力量柔弱，却扛起了重如泰山的生活。您温柔善良，被生活蹂躏却从不抱怨和失掉希望。您品行质朴，又韧如蒲苇……就是这样的您，简单朴素却又带给我披荆斩棘的勇气。就是这样的您，让我无从放弃自己……

妈，我能在这里跟您做些约定吗？无母不成家，为了这个家，您得保重好自己。关于我的病，咱们努力就好，我不会遗憾和抱怨，您也不必自责。您要乐观坚强地去享受生活，不纠结沉溺于过往。

生活各有际遇，命运也自有其轨迹。若有一天，真的事不可为，希望您能理解，那也只是一种自然法则而已。愿您能收住泪水，笑看过往！因为我只是换个方式，守在您身旁。

情之厚如斯，百世不足还！

谢谢你们的不离不弃。

——节选自白血病患者李真《对不起，妈！我生病了》

所谓安全感，从来都不只是强调物质上的满足，它更是一家人和谐相处、平等互助、团结相爱的前提条件。

有安全感，孩子的内心才会踏实，只有踏实了才会宁静，只有宁静了才能致远。父母再有钱、再有权、再有知识，如果不能给孩子带来安全感，他的钱、权和知识对于孩子来说就没有意义。

有些成年人一辈子不幸福，或许都源于他们小时候缺失了安全感，原生家庭带给他们的痛苦正在他们和他们的下一代身上继续传递。

安全感是人的第一心理需求。只要我从你那里感受不到安全感，你给我的一切我就都感受不到。没有安全感的孩子会走向恐惧，会否定、反抗、逃离带给他不安的人或者事，最终走向痛苦甚至崩溃。

在家里，父母就是孩子安全感的主要来源。处理亲子关系的前提，是父母要给予孩子足够的安全感。

欧爸动能·22天奇迹陪伴系统

第1天爱的练习

1. 用不同的颜色绘制“爱”的三个部分，并解读其含义。
2. 父母列举出10个在家里能带给孩子安全感的做法。
3. 父母和孩子互相说“我爱你”。

第二节 爱是自尊感

一、人有两条命

人的生命只有一次，生命的价值高于一切，这毋庸置疑。但我却要强调人有两条命，为什么？在父母导师班和优秀父母大会上讲课时，我是这样说的：

“在物质生活越来越丰富的今天，每个孩子都有两条命——物质生命和精神生命，其中物质生命是父母给予的，是‘假命’；精神生命才是孩子自己的，是内在的感受，是‘真命’。物质生命是支持精神生命做人做事的基础。”（“假命”和“真命”的说法是为了强调后者的重要性。）

今天，越来越多的孩子注重自身内在的感受，活的是精神生命。父母教育孩子也越来越需要注重孩子精神生命的健康和发展，仅仅物质上的满足已经越来越不能有效地激励孩子。父母只有充分认识这些，才能自觉调整教育方向和教育方式，防患于未然。

2010年10月20日晚，21岁的西安音乐学院大三学生药家鑫，在开车时不慎将前方同向骑电动车的26岁年轻妈妈张妙撞倒，因怕张妙看到他的车牌号会造成麻烦，停车后从车内取出一把尖刀对倒地的张妙连刺数刀，致张妙当场死亡。3天后，药家鑫在父母的陪同下到公安机关投案自首。2011年6月7日，药家鑫被依法执行注射死刑。

这就是当年引起舆论热议的“药家鑫事件”。我们很难理解一个正在接受高等教育的大学生，为什么撞了人不赶紧将伤者送去医院治疗，而是残忍地杀人灭口。张妙的丈夫在采访中气愤地说：“（药家鑫）白活了这么大年龄！10多年学白上了！”

2011年8月14日中央电视台《看见》栏目播出了柴静对药家鑫父母的专访。在节目中主持人柴静问药家鑫的父亲：

柴静：“你后悔带药家鑫去自首吗？”

药父：“自首，绝对没有后悔过。我后悔的是太匆忙，应该问问他，这个是绝对要后悔的，要后悔一辈子。我也想知道他为啥要那样子。”

柴静：“对于你这个做父亲的人来说，这种总结不也是一种痛苦？”

药父：“我，无所谓了，也不可能再有孩子了。但是以后我的侄子，我的外甥，我的其他亲友，可以借鉴我的事例，他们在教育孩子的时候，我失败的地方，能让他们引以为戒。这样，药家鑫才算真正死得其所。”

药家鑫一次错误的抉择，造成了两个家庭的悲剧。那双弹琴的手变成了杀人的手，除了让人震惊和痛心外，所有人都在猜测和分析个中原因。一个平日里“优秀”的年轻人，在他犯罪行为的背后，隐藏着怎样的故事？又将带给我们怎样的启发？

无论是“弹琴的手”，还是“杀人的手”，手本身只是人体的一部分，是人的物质生命的一部分，是人用来做事的“工具”之一。指挥手去弹琴或去杀人的，是人的精神生命，是内在的感受。

药家鑫的身体很健康，他的成绩不错，他的双手可以弹奏出动听的音乐，但是这些都是属于他物质生命的部分，他的精神生命又是怎样的呢？

在这里我们不再详细列举他的各种经历对他精神生命的影响，只是反问一句：在刺死张妙之前，药家鑫的心理世界和精神生命的成长，究竟有多少家长关注？

二、自尊是精神生命的底线

在父母导师课堂里，我经常会问学员们这样一个问题：“人在什么情况下会觉得没有安全感？”

从物质生命的角度回答，当然是在遇到敌人或者遭遇危险时，人会觉得没有安全感。从精神生命的角度回答，答案就五花八门了——被抛弃、被歧视、被打骂、被忽略、被误解……

我的回答是：人在自尊受到伤害时会觉得没有安全感。被抛弃、被歧视、被打骂、被忽略、被误解……这些都只是伤害自尊的一部分因素罢了。

什么叫自尊？自尊是孩子的精神生命对物质生命自我存在、自我尊重、自我认可的底线和起点。

根据多年的教育研究和实践，我把精神生命划分为11个“动能级别”——自信、自恩、自拜、自喜、自受、自尊、自卑、自抑、自闭、自残、自杀。从自信到自杀，代表着精神生命的“动能级别”依次降低；反之，则是依次增加。

人的物质生命的起点是胚胎的形成，人的精神生命的起点是自尊的觉醒。如果说自尊是精神生命的胎儿阶段，那么自受就是精神生命的婴儿阶段，自喜是精神生命的幼儿阶段，自拜是精神生命的少年阶段，自恩是精神生命的青年阶段，自信是精神生命的壮年阶段。

从自尊到自信，精神生命朝着正面的方向在发展，正面的生命统称为“正命”；从自尊到自杀，精神生命朝着负面的方向在枯萎，负面的生命统称为“负命”。我曾在优秀父母大会上用这样一句话警醒全国各地的父母们——“别把母爱变‘母害’，别把父爱变‘负爱’”，目的就是要让大家认识到，父母必须帮助孩子的精神生命朝着正面的方向发展，而不是朝反方向枯萎。

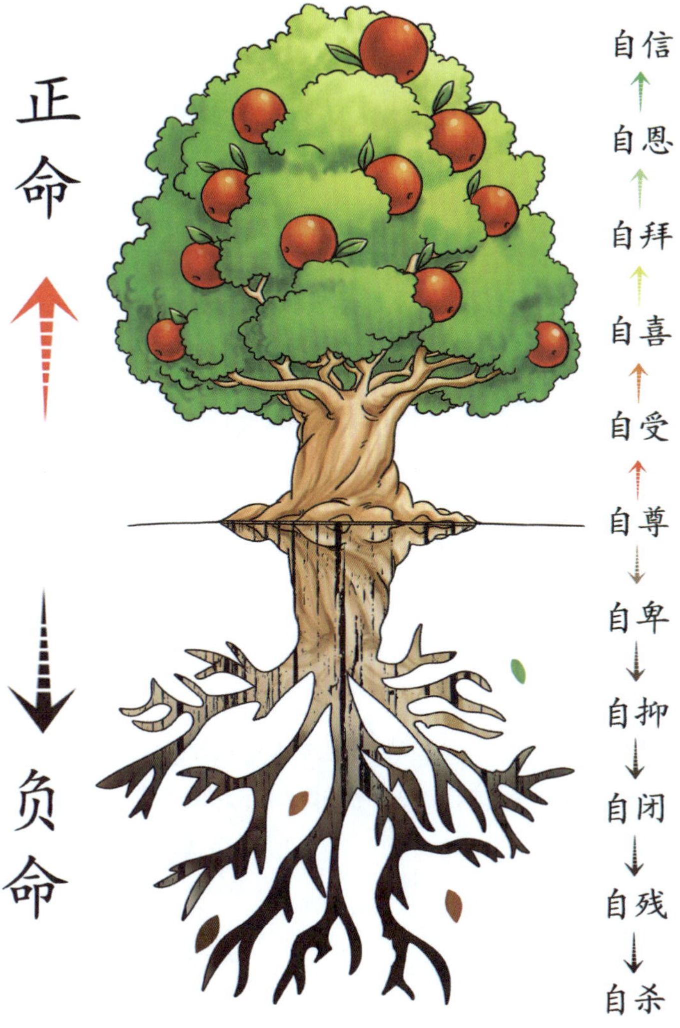

图3　欧爸动能思想文化系列图——爱的生命树

母亲，别打着爱的名义，表面上看起来很负责任，却给孩子带去一生的巨大伤害！父亲，别顶着严父的名义自以为是，结果给孩子带去一生的巨大伤害！母爱也好，父爱也好，只有能让孩子感受到的爱才是真爱。

“药家鑫事件”后不到一年，“留日学生上海机场弑母案”又引起舆论一片哗然。

2011年4月1日晚，上海浦东国际机场候机楼国际到达大厅，赴日留学5年的23岁青年汪某对前来接机的母亲顾某连刺9刀，致其当场昏迷。事后，汪某被警方刑拘。

虽经司法鉴定，汪某患有精神分裂症，但根据《中华人民共和国刑法》第十八条第三款规定，尚未完全丧失辨认或者控制自己行为能力的精神病人犯罪的，应当负刑事责任。最后，汪某因犯故意伤害罪被判处有期徒刑3年6个月。

相关报道显示，汪母在经济上包办，全力支持儿子在日本留学；对儿子的精神状况却关心不足。此前汪某已有精神疾病的症状，汪母却未足够重视，加之早年强势汪某父亲的打骂教育、海外留学的学业负担、母子沟通不足以及学校人际关系等压力逼迫着汪某，最终因为汪母一句“要钱没有，要命一条”引发了悲剧。

简单地说，这句话刺激了汪某的自尊。实际上是汪某的自尊长期被压迫、被忽略。因为溺爱儿子的母亲和强势的父亲有一个共同点，那就是包办了汪某的一切。汪某的物质生命成长了，但他的精神生命还非常脆弱。

自尊是心理健康和人际交往的基本要求，自尊是精神生命的底线。自尊受到伤害，就越过了精神生命的底线，就容易激化矛盾，进而可能导致悲剧的发生。

三、自尊面前人人平等

自尊属于谁？自尊只属于自己，不属于除自己以外的任何人，包括父母。而孩子的自尊是神圣的、不可侵犯的。在自尊面前人人平等，不分年龄大小、财富多少、权位高低。

我反对暴力，包括肢体暴力和语言暴力，因为暴力会直接伤害孩子的自尊，把孩子逼向崩溃和自暴自弃的深渊。

药家鑫在案发后接受媒体采访时说：“因为记不住谱子或弹琴的手势、姿势不正确，不知道挨了多少打。妈妈甚至拿皮带抽我。为了不让我以学习压力、作业多为借口，（妈妈）就（让我）回到家先弹琴，弹完琴才能写作业。我害怕作业写不完，小学课间除了上厕所，都不会离开座位，一直赶着写家庭作业。”“考西安音乐学院时，我专业课（成绩）是片区第一（名），文化课（成绩）也超出了分数线。当我拿到入学通知书时，没有太多的兴奋，只想大哭一场。”

类似的话，类似的行为，在全国各地的家庭里，或多或少都存在。药家和汪家的两个悲剧，只是已经被媒体曝光的两个例子。大量未公开的肢体暴力和语言暴力还隐藏在家里、校园里和其他场所里，威胁和伤害着孩子的自尊。

一般情况，学生好不容易考上大学了，应该高兴、激动，可是为什么药家鑫却“只想大哭一场”？我常说哭代表精神生命在排毒，药家鑫考上大学后只想痛痛快快地哭一场，是想要宣泄自己多年来长期被压抑的负能量。我将类似这种心理活动和与之相关的行为，称为“痛快”。

如果再进一步，将“痛快”施加于其他的人、事、物上，就变成了“消极投射”，即把自己的痛苦施加于他人，或者认为对方应该跟自己一样痛苦。

“痛快”和“消极投射”有三种极端表现，也就是自尊受到伤害后可能会产生的三种恶果。如果大家愿意的话，和我一起换位思考，想想假如我们是孩子，我们的心理活动是怎样的？

（一）厌学习

我是一个孩子，在上学之前，我觉得我的爸爸妈妈对我非常好，他们非常关心我，细心地照顾我，我在家里很快乐，我的眼里带着光芒，脸上洋溢着笑容，我的身体很舒展，我很自信。

但是，从我上学以后，渐渐地，我的爸爸妈妈变得不会爱我、不懂爱我了，他们只看我物质生命中的分数，只看我物质生命中的学习能力，他们开始抓住我学习上的缺点不放，打我、骂我、不平等地对待我，甚至用各种负面的方式来伤害我的自尊。其实他们不知道，对我来说，精神生命的自尊比物质生命中的学习、分数和名次重要得多。

他们针对我学习上的缺点打我、骂我之后，却跟我说："我们都是为你好。"我也知道爸爸妈妈让我去学习，让我去追求高分是对的，但是我发现我的内心越来越煎熬，我的笑容越来越少，我的身体越来越懒惰，我甚至开始跟我的爸爸妈妈作对。

我非常爱我的爸爸妈妈，我想我的爸爸妈妈肯定不愿意打我、骂我，都怪"学生"这个角色！是学习给我带来痛苦，是分数给我带来痛苦，是老师给我带来痛苦。所以，我很幼稚地认为，我的自尊受到的伤害是老师、分数和学习带来的。于是，因为爸爸妈妈针对我的学习而打我、骂我所产生的痛苦，我渐渐地讨厌学习了。

其实我厌学，本质上并不是我讨厌学习，而是我讨厌我的爸爸妈妈、我的老师。他们不懂爱，不会爱，他们不能爱护好我的自尊，而用给我的自尊带来伤害的教育方式对待我。但是我不懂，没有人告诉我，我就只能跟学习对抗，在学校里不好好听课、不好好记笔记、不配合老师举手发言……

（二）厌父母

可是，厌学的结果是，我变得越来越痛苦，我变得越来越难受。因为我的学习成绩一落千丈，爸爸妈妈打我、骂我的次数越来越多了，老师对我的态度也越来越差了。

终于有一天，我发现不是学习让我痛苦，而是我的爸爸妈妈想要我实现他们期望的学习目标，我没有实现，他们就打我、骂我，我发现是爸爸妈妈让我痛苦。相比我这个人，爸爸妈妈更爱他们期望的目标。他们爱的是分数，他们爱的是面子，他们爱的是他们花掉的金钱。

我突然意识到，原来我的爸爸妈妈不再爱我了，我只不过是帮他们实现他们想要的分数、面子和金钱的工具而已。我很快抛弃了之前肤浅、幼稚的想法，开始由讨厌学习变成讨厌父母。

图4　别人家的孩子

我开始刻意地找爸爸妈妈身上的缺点：他们的自以为是，他们的家长作风，他们不好好学习，他们错了不改还怪我，他们根本不懂我的委屈……我想避开他们的视线，我想一个人待在房间里，我想逃离这个让我倍感痛苦的家……

（三）厌自己

听说只有最聪明、最敏感、最有灵性的孩子，才会意识到这一点，但是不到迫不得已的地步，我还达不到这个阶段。随着我的痛苦日益加深，我在爸爸妈妈身上看不到任何改变的可能，我对学习不再抱有期待，甚至对我今后的人生不再抱有任何期待。

因为我觉得，我这么痛苦就是因为我是爸爸妈妈养育的，我的整个物质生命是他们的。我在学校学到的知识和能力，也是爸爸妈妈花钱请老师教给我的，这些知识和能力也是他们的。我讨厌学习，讨厌父母，最后发展为我讨厌自己。

有两个不同的念头一直在我的脑子里盘旋：一个是报复，因为爸爸妈妈很看重我的物质生命，我讨厌自己，压抑自己，糟践自己，就能报复我的爸爸妈妈，让他们也痛苦；另一个是感恩，我其实不想讨厌学习，更不想讨厌父母，我感恩爸爸妈妈把我养大，他们在大部分时间里也十分爱我，我宁愿讨厌自己，压抑自己，糟践自己，觉得“都是我的错”。

上面这些“心里话”是我在数以万计的课堂里日积月累

整理的，我在跟一个个家庭里的一个个孩子接触的时候，一点点接近了孩子们的心。平日里他们是不会对任何人说起这些话的，许多孩子也很难这么清楚明白地诉说自己的心理活动。

我把这些话从孩子的视角说给优秀父母大会和父母导师班的学员们听，他们都很懊悔、很痛心，他们突然意识到自己在家庭教育中曾伤害了孩子精神生命的自尊却不自知。

亡羊补牢，为时未晚。每个孩子都是善良的，他们都愿意等待父母快快觉醒，挽救和呵护他们精神生命的自尊。每对父母都是好学的，而他们需要知道自己的改变将在一定程度上决定孩子的健康成长。

欧爸动能·22天奇迹陪伴系统

第2天爱的练习

1. 绘画：请父母与孩子一起画出爱的生命树。

2. 父母分别完成《写给孩子精神生命的一封信》。

3. 举行“家庭真心话”活动，每个人都要说出“都是我的错”及相关事情，至少进行三轮以上。

第三节 爱是价值感

一、人为价值而活

人活在世上的目的到底是什么？人为什么而活？

父母的回答通常是为孩子而活。这种观念最大的缺陷就是父母的格局始终被禁锢在一个很小的空间里。父母的目光总是盯着孩子，希望他们将来成龙成凤，最终的结果可能就是希望变成失望，失望变成绝望。

其实我们每个人都扮演着多种角色，拥有多重身份，在家里是孩子的父母，在工作单位是领导或下属，在社会上是国家的公民……这些角色和身份组合在一起，才构成了我们的真实生活。当我们面对的不是孩子，而是领导、同事、客户、陌生人、朋友和其他亲人的时候，我们还是只为了孩子而活吗？我认为不是。所有的角色和身份有一个共同点，那就是它们都可以创造价值。

人为价值而活，人活在世上就是要做一个创造价值的人。

这句话有两层含义：一是说明每个人的存在都有价值，只是他们的价值在他人心目中，在某些衡量标准下，有大小之分；二是强调我们要努力成为更有价值的人，这个正面的发展方向也是人活于世的重要支撑。

当甲向乙说“我爱你”的时候，爱的程度有多深暂且不说，但我们可以肯定的是，对于甲来说，乙是有价值的。甲接受、喜欢并追求这种价值。

不过当“价值”二字归结到个人身上时，人们衡量价值大小的意识将被弱化，对价值的感知和珍惜则突显得格外重要。价值感，才是个人在日常生活中的动力所在。以下这个案例，向我们展示了个人心里的价值感何其重要：

张首晟，美籍华裔物理学家、美国国家科学院院士、中国科学院外籍院士。1978年，初中还没毕业的他自学一个暑假，直接越过高中成为复旦大学的一名学生。16岁时，他被国家公派到德国柏林大学留学，毕业后被美国纽约州立大学石溪分校录取，如愿成为杨振宁的弟子。

1995年，32岁的他被聘为斯坦福大学正教授，成为该校最年轻的终身教授之一。2007年，他和他的团队发现的“量子自旋霍尔效应”被《科学》杂志评为年度“全球十大重要科学突破”之一。2013年，他在硅谷联合成立丹华资本。2017年，他和他的团队发现“天使粒子”——马约拉纳费米子存在的证据，结束了物理学界80年的探索。

不幸的是，2018年12月1日，他的家人发布声明确认55岁的张首晟意外去世，疑似因抑郁症自杀。

在今天这个追求创新与变革的新时代，价值的稳定性被削弱，而对价值感的需求在上升。一个功成名就的人，一个光鲜亮丽的人，一个满面春风的人，就如张首晟一样，可能一下子就“走”了。他们卓越的成就已经明确了其社会价值，但是他们心里的价值感究竟有多少，却不为人知。焦虑、抑郁、病痛、情感纠纷、事业滑坡、家庭变故等因素，任何一个都有可能成为压死他们的“最后一根稻草”。

一个人活着没有价值感，就会走向痛苦的深渊，太苦、太累、太无聊、太失败……这类负面心理的根源是缺乏价值感。

二、做一个“厚德格物”的人

我在本章第二节提到精神生命的有11个“动能级别”，其中的自信、自恩、自拜、自喜、自受，它们各自对应不同的有正面价值的爱——信仰之爱、感恩之爱、崇拜之爱、喜欢之爱、接受之爱。

价值感和爱的关系是，有价值感的人就是活在精神生命“正命”里的人，他能够感受到被爱，他也能够尝试去施爱；缺乏价值感的人，感受不到身边还有那么多人爱着他，这种人可能会产生一个极端的想法——“是不是我离开就好了？那样就不会给大家添麻烦了。”

价值感丰富的人，不仅他的精神生命享受着爱，他的物质生命也洋溢着爱——眼中有光、口中有德、脸上有笑、手上有活。这种人能够友善地和他人相处，积极地和他人交流，主动地争取做事，价值感给他带来源源不断的动力，支持他做人做事。

不少跟随“欧爸动能”一起成长的少年演讲家，就是在和爸爸妈妈一起坚持用心演讲分享以及用爱构建“家庭动能幸福系统”的过程中，逐渐收获了爱的动能，变得积极、阳光、正面、快乐、自信，成为价值感丰富的人，成为有充足动能的人。

2016年以前的晨阳，自卑、烦躁、痛苦，不爱学习，不管我和他爸爸怎么努力，怎么苦口婆心地教导，依旧无法改变他对学习的厌恶，无法帮助他走出痛苦，无法让他从自卑迈向自信，我们的情绪曾到达崩溃的边缘。

2016年后，我的先生把我引进欧爸的课堂。这几年，不管他工作多忙，他都坚持落实从欧爸的课堂中学到的东西，亲自陪伴支持着晨阳，用动能演讲学习法陪晨阳学习、演讲，坚持动能健身，陪孩子锻炼。晨阳从“小故事大道理”开始练习演讲，再到掌握“动能演讲学习法”，后来他能分享自己从其他故事中获得的心得体会，慢慢地，晨阳变得爱笑了，变得阳光了。

孩子真正自信了，不再苦着脸不愿意走进教室，开始对学习抱有渴望。

到2019年，我们一家接触“欧爸动能”已经四年了。这一路走来并没有想象得那么顺利，我曾怀疑过、迷茫过，也曾被同事歧视过、取笑过、排斥过。在这之前，我已经用唠叨、比较、打骂、讽刺、怀疑、抱怨、溺爱、忽略这八把“刀”深深地伤害了我的孩子，我那么着急地想要改变晨阳，可总是事与愿违，后来我发现我错了，如果我越是着急，事情越是不如人意。

所幸，这四年来我的先生不仅陪伴支持着孩子，同样也陪伴支持着我；所幸，我的先生一直站在我的身后，为我提供动力；所幸，这四年来我一直坚持，未曾放弃。在先生的陪伴支持中，我更加坚信我能行！并且这四年的坚持，还换来了家人、领导、同事们的支持。

欧爸说：“别人都相信我，我就自信了。”而我想说：“我自信了，别人就会相信我，我不在意别人对我的看法！我一遍遍地告诉自己，我是最棒的！我是独一无二的！我是创造奇迹的人！我一定会成功！”事实也是如此，我成功了，我的晨阳变得自信了，自信的孩子不会受到伤害。

欧爸说：“有的人用童年滋养一生，有的人用一生疗愈童年。”

亲爱的晨阳宝贝，妈妈在你成长过程中伤害了你，却一直得到你的体谅和包容。妈妈想跟你说声抱歉！还好，我们一家认识了生命中的贵人，诚信老师还有杨颖阿姨，是他们把我们引进欧爸的课堂。更感恩欧爸，让妈妈在学习中得到成长、突破，绽放出自信。

晨阳，前几天妈妈在电脑上整理照片，近几年的照片留下了很多你成长的痕迹。妈妈发现童年照片中你的笑容纯真可爱，还有点小调皮。小学那几年进入了紧张的学习生活后，你俏皮的脸蛋开始变了，变得有时沉闷、有时无奈。不过现在你渐渐释怀了，变得自信了。

你有敏锐的观察能力，你是一个做事积极主动的孩子，你心地善良、对人真诚。你通过演讲赢得了很多人的赞赏。当你走上讲台演讲时，妈妈觉得你越来越自信了。你最近又重新整理了目标，妈妈相信你可以做到。有起点就有动力，有动力就能追逐梦想。欧爸说："目标是用来产生动力的。"你一定要加油！老师们一直说你是一个机灵鬼，你是一颗创造奇迹的种子，妈妈相信你一定能生根发芽，加油！

——晨阳妈妈于2019年9月分享，选自《欧爸少年演讲家成长故事集——44号传奇人物》

网络上有人用这样一个公式来形容现在不少家庭的现状：

焦虑的妈妈+缺席的爸爸+失控的孩子=中国式家庭

其实这种状况只是一部分家庭在某个阶段出现的问题，不能冠以“中国式”三个字。我在讲学的实践经验中发现，越来越多的父母正在积极进行幸福家庭的构建，他们愿意花钱、花时间、花精力来学习，他们希望自己的家庭更幸福，希望自己的孩子更自信。

在追求家庭幸福的过程中，最困难的部分是自己与家人的观念和习惯的转变。那么从价值感的角度，父母和孩子要如何应对这些困难呢?

一方面，父母和孩子都要努力提高自身的价值，父母要通过劳动创造社会价值，要通过陪伴支持孩子实现家庭教育价值；孩子要通过专心学习、体育锻炼、独立生活等方式来适应社会生活，将来为社会发展贡献自己的价值。

另一方面，父母和孩子都要学会增强彼此的价值感，要有意让对方感受到被爱，要让对方有学习、练习和修习施爱的机会。

就此我特别提出了一个概念——“厚德格物”。

我曾带领少年演讲家们在清华大学（校训：自强不息，厚德载物）和香港大学（校训：明德格物）演讲游学。在游学时我对孩子们这样说：

“厚德是针对做人，做人要具有深厚的德泽，这不是一蹴而就的，需要日积月累地学习、练习和修习，才能慢慢达到这个境界；格物是针对做事，做事要把事情做到极致，格物以致知，致知以诚意，诚意以正心，正心以修身，然后才能齐家、治国、明德于天下。不仅如此，厚德还指动力，格物则指能

图5　广州“欧爸动能”亲子研学基地旗台

力，有了厚德才能更好地格物，也就是说有了充足的动力，才能更好地运用能力。”

“一个内心缺爱的人，哪怕他爱了别人，但没能好好爱自己，他就会爱得很痛苦，他的心里没有价值感，也就不能长时间地爱下去。一个厌学习、厌父母、厌自己的人，连自尊都还没有充分建立，他又如何能好好爱其他人呢？只有做了自己精神生命的主人，并对自己的物质生命负责任，才能在做人做事的过程中逐渐做到‘载人’‘载物’。厚德载物的前提是厚德载己、厚德载人！”

“我喜欢用‘格物’而不是‘载物’，因为前者更主动，更体现了‘格’这一过程；而后者则显得被动，侧重的是‘载’的结果。”

“‘厚德格物’的人就是既有价值又有价值感的人，这样的人是自信的人，也是幸福的人！”

三、家庭幸福“六不法则”

什么样的家庭是幸福的家庭？每个家庭成员都能充分感受到自己的价值，这样的家庭才是幸福的家庭。我强调构建“家庭动能幸福系统”，最重要的就是通过强化爱的动能，不断提升家庭成员的价值，并让每个人都能够在家庭里充分感受到价值感。

我在《倒过来爱的秘密》一书中，从危害的角度详细讲了爱的八个误区，又称为“八把刀”——唠叨、比较、打骂、讽刺、怀疑、抱怨、溺爱、忽略。现在我想从价值感的角度，再来谈谈为什么要在家里做到“六不”。“六不”是指保障家庭幸福的“六不法则”——不唠叨、不比较、不挑剔、不计较、不攀比、不评判。

教在学校，育在家庭，学校主要是教孩子知识、增强孩子思维能力或操作能力的地方，家庭才是给孩子动力、培育孩子自信的地方。

父母必须要认识到，育，不是一朝一夕的事情，更不是一劳永逸的事情，所以绝不可因为一时之需、一念之差、一着不慎或者一刻之怒，伤害了孩子的身心健康。

有的父母说自己在情绪不好时控制不住自己，其实这大多是借口，根源还是观念出了偏差。“你看看别人家的孩子怎么怎么好，你怎么就不行！”“你太笨了！”“快点快点！”“这道题怎么又错了？总是这样粗心！”……说出这类伤人的话的爸爸妈妈，首先需要纠正自己的错误观念，而观念的改变常常是缓慢的，因为观念的改变涉及价值观的转变。

有人形容父母教育是家庭教育的“深水区”，我和欧爸动能团队已经在这“深水区”里摸爬滚打了十余年。如果说家庭教育有“速效药”的话，“六不法则”就是我想推荐给所有爸爸妈妈的。

其一：不唠叨

唠叨的真相是沟通效率低下，唠叨会透支唠叨者的话语权威，也会让被唠叨者产生听觉疲劳。停止唠叨，才会让孩子认真听父母的话。

其二：不比较

不要拿自己家孩子和别人家孩子比较，自己家孩子就是最好的，自己家孩子就是独一无二的。停止比较，让父母和孩子都站在自己的起跑线上，创造属于他们自己独一无二的人生风景。

其三：不挑剔

有些父母无论自己成功与否，都望子成龙、望女成凤，对孩子高标准、严要求，把自己当成“虎爸狼妈”式的教练，结果孩子的自主性遭到压抑。孩子活在父母的掌控之中，内心潜藏的叛逆心理就像一颗“不定时炸弹”，说不定哪天会因为某件小事就突然爆发。停止挑剔，父母不做驯兽师，孩子也无须证明自己有多优秀。

其四：不计较

“我为这个家付出这么多，你却什么也不管！”这类争吵常常在家庭里上演，双方争论谁付出得多谁付出得少，但付出多少不是争吵时用来指责对方的筹码，而是在日常生活中自愿、自发、自觉地对这个家庭倾注的爱。如果实在觉得心理不平衡、不公平，一家人可以心平气和、实事求是地坐下来讨论，提出改善的办法。停止计较，每个人都是家庭幸福的贡献者，家和万事兴，家闹万事衰。

其五：不攀比

我曾写过一篇名为《真爱是什么》的短文，里面讲到生命比成绩更重要，快乐比面子更重要，前途比金钱更重要。我们不能因为追求成绩、面子、金钱，就把孩子的生命、快乐、前途断送掉。停止攀比，父母不攀比成绩、面子、金钱，孩子不攀比分数、外貌、名牌。

其六：不评判

生活中最简单的事就是胡乱给别人贴标签，小时候看电视剧就喜欢分辨谁是好人谁是坏人，看到好人受苦就伤心，看到坏人被打败就拍手。这种简单评判的做法绝不能用在家庭里，谁也不能用贴标签的办法“安排”别人的命运。停止评判，我爱你，不是因为你是谁，而是因为你就是你。

在本章的最后，让我们一起来读一读这篇由我创作的《合格父母爱的誓言》。我于2003年10月在海南三亚写了第一稿，后被广泛传播，十多年来它帮助了千千万万的父母和孩子们打开心门，化解心结，让他们的家庭更幸福。

合格父母爱的誓言

我心里爱着多少孩子，我就能影响多少孩子！

我心里多爱孩子，我就能多大限度地帮助孩子！

我没有状态、没有感觉，是因为此时我心里丢掉了爱！

如果我心中爱的能量没有增加，我自己找不到爱的感觉，我就不能良好地影响和帮助孩子！

爱要“倒过来”——就是爱到孩子接受我、喜欢我、崇拜我、感恩我！而不是爱到孩子嫌我唠叨、因我痛苦！

我不一定喜欢我所欣赏的人，但我一定喜欢欣赏我的人。

爱孩子就是要学会欣赏孩子身上的优点、长处和潜力，做到“优点不说不得了，缺点少说慢慢少”。

爱要“倒过来”——就是要学会接纳和感恩孩子的缺点，而不是抱怨孩子的不足！正因为孩子有缺点，才给了我们做父母和老师的机会，也彰显了父母和老师的伟大！更要感恩的是孩子之所以有缺点，是因为他在用“牺牲”自己的方式来唤醒我们的爱，促使我们成长！

爱要“倒过来”——就是爱到“问题孩子没问题”。因为每个孩子的问题都是过去的问题，每个孩子的问题都是父母的问题，孩子只有接受了爱的能量、不害怕问题，才能面对问题、解决问题。

爱要“倒过来”——就是要让自己心中装着孩子，自己变成“孩子王”，做孩子的精神领袖！爱孩子的最高境界是与孩子成为爱的精神共同体。

爱要“倒过来”——就是要为孩子构建一个爱的能量场，让孩子在其中吸收爱的能量，打开心门、抚慰心灵、化解心结、拓宽心胸，从而有动力和勇气去战胜一切！

爱要“倒过来”——就是要随时随地在孩子心中增加爱的能量，提升自己爱孩子的能力！每个孩子心中都有爱的“账户”，我赞赏他、让他喜欢我，就是“存款”，就在增加孩子心中爱的能量！我抱怨他、让他讨厌我，就是“取款”，就在透支孩子心中爱的能量！

没有爱就没有教育！

“我”是一切的根源，爱是所有的结局！

要想双手拥有，就让爱在心中停留，爱通天下！

欧爸动能·22天奇迹陪伴系统

第3天爱的练习

1. 朗读：父母朗读《合格父母爱的誓言》两遍以上，孩子朗读《财富宣言（孩子版）》（参见本书第五章第一节）两遍以上。

2. 演讲：家人依次演讲，说出自己曾经的一次痛苦经历，并讲述自己是如何克服的。

3. 从“六不法则”中挑选一个法则，谈谈在家里怎样才能做到它，并通过民主讨论制订相关措施。

Chapter Two

第二章
让家里充满爱

每个人的一生，绝大部分时间都是在日常的学习、工作、生活、娱乐中度过的。而99%的教育痛苦和悲剧，就发生在这些日常当中。

在一个错爱、缺爱、无爱的家庭中，夫妻之间和亲子之间的尖锐矛盾将会深深地伤害每一位家庭成员。

家，对我们来说究竟意味着什么？我们需要怎样做才能让家里充满爱呢？

爱是陪伴，是支持，是幸福系统！
扫码获取欧爸免费视频课，
一起进行“爱”的深入学习吧！

第一节　爱是亲密的陪伴

爱，通常给人的印象是美好的、幸福的、圆满的，但接下来，我们要从一个残酷的科学实验开始深入地认识它。

1959年，美国心理学家哈洛（Harlow）及其同事报告了一项研究成果：让新生的婴猴从出生第一天起同母亲分离，和两个特殊的“妈妈”——“铁丝妈妈”和“布料妈妈”度过165天。“铁丝妈妈”的胸前挂着奶瓶，“布料妈妈”却没有。虽然当婴猴同“铁丝妈妈”在一起时能喝到奶，但它们宁愿不喝奶，也要和“布料妈妈”待在一起。研究发现，身体接触对婴猴成长的作用甚至超过哺乳——有饮食需要时，它们才会去找“铁丝妈妈”，其余大部分时间则依偎在“布料妈妈”的身上。虽然这个实验的对象是猴子，但许多心理学家认为，其结论对人类婴儿同样适用。

上面这项研究被称为“恒河猴实验”，它证明了亲密陪伴的重要性。

在“恒河猴实验”的系列研究中，哈洛发现在孤独环境下长大的猴子，即使有“伪造”的妈妈的陪伴，长大后也会缺乏正常的社交能力，产生抑郁、自闭的行为，有些甚至在回到猴群后绝食而亡。

图6 在“恒河猴实验”中拍摄的片段

由于该项实验危害动物生命，以后类似的研究均被禁止。人类婴孩和母亲的亲密互动对其成长的具体影响，很难再以这样的方式进行研究。

但是科学家们对爱的深入研究一直没有停止。

英国精神分析师约翰·鲍尔比（John Bowlby）在对“二战”孤儿的研究中提出“依恋理论”。“二战”期间，许多儿童成为无人照料的孤儿，鲍尔比发现这些进入孤儿院的孩子虽然在身体上得到了看护，但他们仍然表现出严重的心理障碍。

鲍尔比认为人类婴幼儿和其他哺乳动物婴幼儿的依恋行为，如哭喊或搜寻，是与原有依恋对象（即提供支持、保护和照顾的对象）分离后产生的适应性反应。

美国发展心理学家玛丽·爱因斯沃斯（Mary Ainsworth）在“陌生情境实验”的研究中，认为依恋行为映射了儿童早期的一种重复的被抚养体验，其实质是一种双向的人际关系的反映。

美国九型人格研究先锋亚历山大·托马斯（Alexander Thomas）和斯特拉·切斯（Stella Chess）首先提出对案例进行回归分析，强调接受越多与其性情不合的教育的儿童，更容易在今后的发展中出现行为障碍与情感障碍，进而导致不良的亲子关系。

我们看到，一方面，人类和其他哺乳动物在婴幼儿时期都不能独立获取食物和自我保护，他们都依赖成年个体在亲密的陪伴中提供照顾和保护。显而易见的是，不论肤色、种族、民族、地域和文化的差别，孩子对母亲出于本能的依恋，是人类亲子之爱的最大共同点。即使个别地区有收养等其他社会关系，这些也不过是替代“母亲”这一角色的部分职能罢了。

另一方面，虽然关于爱和亲子关系的科学研究日益深入，但是随着新时代社会的发展，亲子关系出现显著变化，比如在职的父母无法长时间陪伴在孩子身边，还有隔代抚养、留守儿童等新现象的出现，使得我们不得不重新思考爱，并调整爱的目标和爱的方式。

那么，亲子之爱包括哪些方面呢？父母在陪伴孩子成长的过程中要如何实现亲子之爱呢？

一、肢体亲密最重要

婴幼儿通过哭、笑、喊叫、依偎和跟随等行为，吸引父母的注意力，以获得及时的关心和照顾。

儿童通过哭闹、恶作剧、游戏、拥抱、亲吻、爱的言语等行为，向父母表达各种情绪，直接或间接地和父母进行互动。

在孩子年幼时期，亲子之间的亲密主要通过肢体（包括皮肤、眼神）的直接接触来实现。适时的、恰当的肢体亲密，能够给孩子带来充分的满足感、温暖和安全感，让孩子勇敢、自由地去探索他面前的一切。

肢体亲密是孩子与生俱来的爱的需求，正如儿歌《爱我你就抱抱我》中唱的那样："爸爸妈妈，如果你们爱我，就多多地陪陪我；如果你们爱我，就多多地亲亲我；如果你们爱我，就多多地夸夸我……"

为了帮助父母和孩子更好地表达对彼此的爱意，我和我的教育团队特别研发了一首《爱的行为呦呦歌》，歌词如下：

爱的行为呦呦歌

呦呦呦呦

爱的行为好奇妙

我们一起来探讨

要想家人在身边

爱的行为记心间
呦呦呦呦
爱的行为有哪些
我来给你倒一倒
嘴的功劳可不小
赞一赞，夸一夸
在他心中安个家
呦呦呦呦
陪一陪，抱一抱
对他来说最重要
鞠一鞠，跳一跳
男女老少都需要
呦呦呦呦
鼓一鼓，翘一翘
家人情谊就来到
亲一亲，笑一笑
兄弟姐妹开怀抱
呦呦呦呦
点一点，聊一聊
爱的行为
有诀窍，有诀窍

二、陪伴亲密不可少

孩子上学后，或者父母在外上班、出差时，亲子之间的肢体亲密接触变得少了，这时候就需要通过别的方式来补充，例如“陪伴亲密”。

“陪伴亲密”是指在肢体亲密接触以外能尽量缩短亲子距离的直接亲密方式，比如接送孩子、一起吃饭、一起逛街、一起健身、一起读绘本、一起做家务等。

近十年来，我和我的团队开设的“少年演讲家”等各类亲子课程，无论课程时间长短，我一直强调父母必须陪同孩子参加。在亲子共同参加课程的过程中，他们相处的时间长了，便有了更多的“陪伴亲密”，这恰好是他们在家庭里所缺失的。

图7　“少年演讲家”动能特训营亲子合场

三、心理亲密有诀窍

随着年龄的增长，孩子的自主意识越来越强，内在的心理活动越来越丰富。这时候只有“肢体亲密”和“陪伴亲密”是远远不够的，父母需要转换角色，更多地关注孩子内心的动态，及时觉察和满足孩子的心理需求。

“心理亲密”是拉近亲子距离的间接亲密方式，目前这一块是我国家庭教育的薄弱区域。未成年人的心理健康教育，大多还停留在思想道德教育和心理咨询。前者容易造成道德高压，后者则大多是等到问题或悲剧发生时才会进行，已属亡羊补牢。

图8　父母要学会聆听

在本书的第四章第三节，我将介绍一个我的团队的小诀窍，它对促进家人之间的心理亲密很有帮助，请您参考阅读。

爱是什么？爱就是亲密的陪伴。父母和孩子之间，正是通过“肢体亲密”“陪伴亲密”和“心理亲密”，不断确认、加深和升华彼此的爱的情感。

在越来越重视未成年人心理健康的今天，本书将重点围绕“心理亲密”进行阐述，帮助大家更好地了解孩子的心理需求。

“为孩子请命，为心灵点灯，让中国家庭幸福起来！”这是我的团队一直在努力的方向，也是我们一直践行的爱的信念。

欧爸动能·22天奇迹陪伴系统

第4天爱的练习

1. 连续一周坚持每天拥抱家人，并向他/她说“早上好”或“晚安”。

2. 一家人分工合作，完成一次家庭卫生打扫。

3. 策划一次一家人出去购物的活动，并商定每人的消费金额上限。

第二节　家是动能的支持

一、父母是孩子的“动力井”

可以住的地方不一定是家，比如出差时住的酒店，那仅仅是个睡觉休息的地方；有钱赚的地方不一定是家，有许多农民工在外劳务十几年，每年春节还是坚持要回家，因为城市里的工作对他们来说，只是个谋生的手段。

家，从教育学和心理学的角度来看，是我们在生命成长过程中增加动力和综合能力的重要场所。这一点，是我总结以往关于家庭教育的理论研究，并结合自己30余年的教育实践得出的。为此，我创办了“动能教育”品牌，提出了“动能教育智慧和动能贵人文化”体系，我们旗下的所有产品，也都是依据这一认识进行研发的。

我提出了“动力级别论”，把爱划分为五个动力级别——接受、喜欢、崇拜、感恩、信仰。这五个动力级别代表了爱的深度和宽度，体现了爱的生长特性和发展规律。

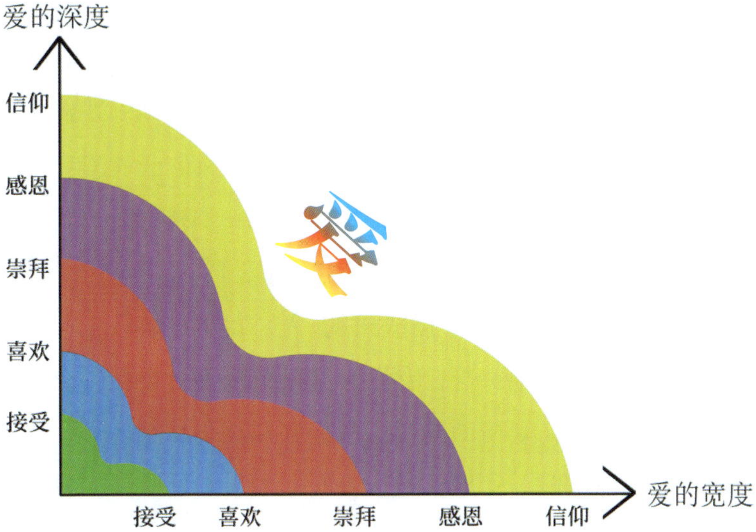

图9 爱的动力级别

比如说，在恋爱关系中，女方常常问男方："你有多爱我？"男方常常需要用实际行动，或者一些极端的词语如"一辈子""永远""海枯石烂""山无棱天地合"，来证明自己有多爱女方。类似这样的爱的表达还有很多，但这样的爱的表达是书面化的、朦胧的。而通过爱的五个动力级别，我们可以从教育的角度比较清楚地表述爱的宽度和深度。如果你足够爱对方，你可以说"我对你的爱达到了感恩和信仰的动力级别"（"信仰"在此用来形容爱的最高程度）。

关于什么是接受，什么是喜欢，什么是崇拜，什么是感恩和信仰，这需要更加系统和深入地讲述。

在这里，我举几个例子分别加以说明（以下人名皆为化名）：

接受——晓梅读高一那年，开始特别在意自己的外貌，每次脸上冒出一颗青春痘，她都要苦恼半天，并想方设法把痘痘消除。为此她的脸上留下了好几个痘印，还花了几千块钱。直到有一天，她看到一则幽默笑话里说青春的人才会长青春痘。从此以后每次长痘痘时，她都会用这句话来安慰自己，并能够和痘痘“和谐相处”了。（和谐相处即接受）

喜欢——程程最近对隔壁班的一位女同学有了好感，经常有意无意地关注她。这位女同学是班里的体育委员，个子高挑，活泼可爱，又爱帮助同学。程程好几次想和她搭讪，都没能鼓起勇气说出口。后来，这位女同学由于家庭原因转校了，程程还一直记得她。程程也因为这个女同学，更加喜欢上体育课了。（真切欣赏即喜欢）

崇拜——小方和爸爸去郊外放风筝，一开始小方没有掌握好放风筝的动作要领，尝试了几次都没能成功，一不小心还把风筝挂在树枝上了，小方使劲跳起来也够不着。爸爸搬过来一块大石头，站在石头上踮起脚，还是够不着。爸爸从大石头上一跃而起，又平稳落地，终于把风筝完好无损地拿下来了，小方在旁边为爸爸欢呼鼓掌。在爸爸的耐心指导下，小方慢慢学会了放风筝，风筝飞得很高，爸爸夸小方真了不起。（突破自我即崇拜）

感恩——宇仔的妈妈最近从工作多年的单位辞职了，在家里陪伴宇仔。之前妈妈一直在外地工作，很少陪伴孩子，这一次她的举动让宇仔感到很意外，也很开心。宇仔一直希望妈妈能够多陪陪自己，毕竟自己马上就要上初中了，以后每天能和妈妈相处的时间会越来越短。心思细腻的宇仔感谢妈妈放下工作来陪伴自己，为此常常把学校里发的牛奶、水果留着，带回家给妈妈吃。（饮水思源即感恩）

信仰——有一颗种子落在了地里，不久后它就生根发芽，开始慢慢生长了。一阵狂风吹过来，它差点摔倒了，下雨的时候，雨滴重重地砸在它的头上，每当这种时候，它就把根扎得更牢。几年过去了，身边一年一绿的小草还是老样子，它却长得高大挺拔了。新的一年又来临了，它开始向着更高、更宽的地方伸展自己的枝和叶。（笃定不移即信仰）

在我主持的亲子课堂里，我会让孩子们填一份调查问卷，孩子们的回答常常让父母感到意外。其中有两道题目是这样的：

在你心中，你对爸爸的爱的动力级别是（　　）。

□接受　□喜欢　□崇拜　□感恩　□信仰

在你心中，你对妈妈的爱的动力级别是（　　）。

□接受　□喜欢　□崇拜　□感恩　□信仰

我们做父母的，关注孩子的吃、穿、住、用，关注孩子的学习，往往超过了关注我们自己在孩子心中留下的影响。其实孩子比我们认为的更爱我们，孩子也比我们认为的更加愿意努力向上，只不过有时候是我们自己破坏了这种良好的亲子关系。工作忙、累、脾气不好……这些因素只要出现一个，就可能让原本亲密的双方变得疏离。

我提出的动能理念强调，家是增加动力的地方，父母要做孩子的“动力井”，成为孩子的动力源泉，为孩子的成长持续提供动力。

父母和孩子都需要在家里享受到安全感、自尊感、价值感，都需要在家里感受到接受、喜欢、崇拜、感恩、信仰这五个动力级别的爱。这样，我们才能对家庭内外的人、事、物产生更大的动力，才能够在当下的工作、学习和生活中，用内在的动力去支撑外在的能力，才有勇气去面对和战胜困难，真正活出属于我们自己的自信人生。

二、家庭是孩子的“演讲台”

我创立“少年演讲家”品牌以及培养少年演讲家的初衷，是想让孩子们能够通过演讲做到“新三好”（做人好、自信好、能力好）和“五爱”（爱他人、爱自己、爱学习、爱演讲、爱目标）。这样的孩子既有动力又有能力，能真正成为自信的自己。

我们发现演讲是一项基础能力，更是一项综合能力。让孩子从小爱上演讲，运用演讲，能够切切实实地帮助孩子锻炼自己，建立自信。

来自湖南株洲攸县的少年演讲家佳昂（12岁，六年级），在2019年的暑假跟着我在海南、重庆、北京等地演讲游学。他的妈妈反映：佳昂回来的第一天就分享了他的所见所闻，讲得非常好，她都听得入迷了，好像身临其境。

佳昂还争取到了一次做特别主持人的机会——主持姐姐的婚礼！佳昂自信的主持风格得到了姐姐、姐夫以及现场工作人员的高度赞扬！工作人员都可喜欢佳昂了，摄影师还专门发了朋友圈表扬小主持人很有主持范。

佳昂还在学校组织的演讲比赛中荣获一等奖。

来自广东阳春的少年演讲家雷明（12岁，六年级），已经跟随我学习五年了，每年寒暑假他都积极参加“少年演讲家”的课程。八年前，他的妈妈带着姐姐来上课时，他还只有4岁。

我问：“跟随我们学习之后家里有什么变化吗？”

他答：“影响挺大的，因为跟您学习得比较早，所以家庭氛围一直很好，我从小就是三好学生，我有一个很幸福的童年。我一靠近您就能感受到温暖，而且您在‘少年演讲家’课堂上会讲一些好理解的故事，让我们增长知识，我能理解得了。”

从小就跟随我们学习的雷明，对自己的未来有明确的规划，他制定了自己的短、中、长期目标。上次定的短期和中期目标已经实现，而他的长期目标始终如一：要成为一名国家级篮球运动员。为此，他一直坚持健身。

类似佳昂、雷明这样的少年演讲家，十余年来我培养了一批又一批。孩子们的心结、痛苦在演讲中被疏解，孩子们的成长动力在演讲中被激发，孩子们的生命自信在演讲中得到升华。

身体的每个部位都蕴藏着能力，我们通过演讲把这些能力综合运用起来，通过耳朵听、嘴巴讲、身体演……把身体内外的一切能力都用上。演讲是一个通道、一个工具，它架起了父母、老师和孩子沟通的桥梁，它变成了孩子学习、练习和修习动力与能力的通道。

我们在做人做事中所需要的学习能力、操作能力、思考能力、读写能力、交流能力、运动能力、考试能力、比赛能力、实践能力等，都能通过演讲得到体现和锻炼。我们强调，演讲是所有能力的统合，是孩子受用一生的基础能力。

那么，哪里才是最适合孩子长期学习、练习和修习演讲的场所呢？毫无疑问，家是第一选择。

在家里演讲，孩子不会害怕、不会犹豫，这是因为在熟悉的环境里，面对着熟悉的人，他在演讲时可以充分感受到安全感。

在家里演讲，演讲话题更加自由，更有及时性、针对性和私密性。父母只需要注意“六不”原则，孩子的自尊就能得到应有的呵护。

在家里演讲，可以促进亲子沟通并加深对彼此的理解，可以节省金钱、时间、精力，父母和孩子还可以先后演讲、互相鼓励。

在家里能做的事情还有很多，演讲是我特别推荐给父母和孩子们做的一件事。教在学校，育在家庭。通过演讲，父母在家里就能和孩子一起运用各种能力，梳理各种关系、各种资源，所以家庭演讲是很好的教育方式。

三、家庭是孩子的“充电站”

家，常常被人比喻成港湾、摇篮、根，关于家的联想，我们可能会想到可口的饭菜、父母的关爱和温暖的灯光。我培养的少年演讲家们常常把家比作“充电站”“加油站”，因为无论你是一辆车、一艘船还是一架飞机，无论你跑得多远、飞得多高，都需要回到家里来“充电”“加油”。

当孩子遇到了困难，他的动力和能力在做“减法”和“除法”时，就需要回到家里来“充电”，给自己的动力和能力做“加法”和“乘法”。

当我们把爱的三大内涵——安全感、自尊感和价值感，放到具体的情境中去观察时，就会发现它们主要表现为内在的动力和外在的能力。所以我说：“动力是根，能力是本，动能是根本，教育的根本是动能，动能教育就是培根固本的教育。”

让爱回家，就是要让家庭变成孩子的“动力井”“演讲台”和“充电站”。

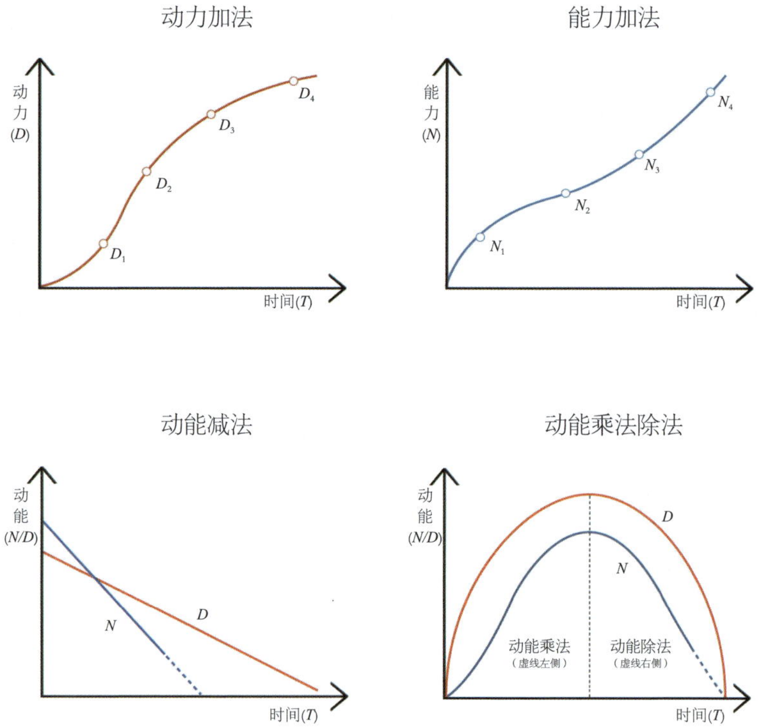

图10 动力、能力及动能的加减乘除

欧爸动能·22天奇迹陪伴系统

第5天爱的练习

1. 父母列举孩子成长的动力来源，要求5个以上。

2. 每人在“少年演讲家66条价值观”（参见本书第三章第三节）中挑选5条自己最喜欢的价值观并背诵。

3. 在家里安排一处专门用来进行家庭演讲的地方。

第三节　家是幸福的系统

一、系统之爱才有保障

《道德经》里讲“一生二，二生三，三生万物”，“三”为什么能生万物？因为“三”代表着一个系统，所以我说：“三生系统，系统生万物。”

三点可以构成一个平面，而三角形又有着稳固、坚定、耐压的特点，如埃及金字塔和法国埃菲尔铁塔都是以三角形为基础结构建成的。在现代核心家庭里也存在着这样一个具有稳定性的“三角形”，父母及其未成年或未婚子女是这个三角形的基本组成部分。

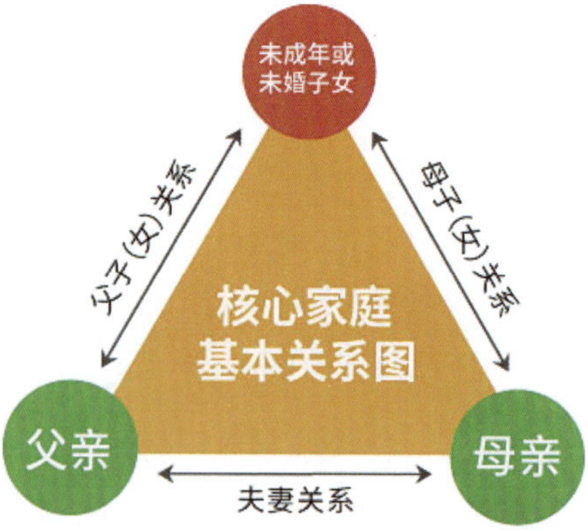

图11　核心家庭基本关系

美国著名人类学家乔治·彼得·默多克认为，核心家庭能够实现四种需求——性、生育、教育、生活。它在性生活、生育、濡化（指价值观和社会准则被该社会成员习得或传承的过程）和经济支持上发挥的有效作用超过其他任何制度。

在核心家庭里，有婚姻关系的确立（夫妻关系），也有对新生命的接纳［父子（女）关系、母子（女）关系］。同时，区别于大家庭，核心家庭剥离了大部分的亲属关系、家族责任、经济瓜葛等，亲子之间的直接陪伴和互动的频率大大增加。但是，核心家庭制度也隐藏着很多风险，比如婚恋自由度增大，单身、失恋、晚婚、离婚现象增多，又比如父母教育能力的不足和教育观念的差异，使得亲子关系紧张。

其实，无论在何种类型的家庭制度下，一家人追求的目标都是“幸福”二字。为此我依据“动能教育智慧和动能贵人文化”，特别提出在新时代我们要构建“家庭动能幸福系统”。我努力培养动能讲师、父母导师、动能陪伴师等师资力量，就是要帮助父母和孩子及时化解家庭矛盾，并通过针对性、个性化的家庭陪伴支持帮助孩子做到：

1. 构建正确的、有时效的、有用的知识系统；

2. 建设学习、生活、工作需要的能力系统；

3. 建立接受、喜欢、崇拜、感恩、信仰的动力系统；

4. 培养与所有人、事、物合作共赢的关系/资源系统。

我把凡是能给孩子带来动力和能力的人、事、物，分别称为动能贵人、动能贵事、动能贵物，并将这种能给孩子叠加动力和能力的动能贵人、动能贵事、动能贵物的统一体概括为“动能系统”。

孩子是环境的产物，动能系统的差异是导致孩子成长道路千差万别的决定性因素。孩子越来越优秀、越来越自信的背后，都有着个人、家庭、学校等动能系统的支持。看得见的表象是孩子个人的努力，看不见的真相是动能系统的支持。

幸福不是虚幻梦想，也不是镜花水月，追求家庭幸福有一个关键，那就是构建“家庭动能幸福系统”。系统之爱有保障，才不会因为某一时或者某一人的过错而导致爱的缺失，才能更加有效地为孩子的自信成长叠加爱的动能。

二、走进“动能父母大学”

构建“家庭动能幸福系统”的第一要务，就是让父母双方接受应有的家庭教育。这样才能做到让爱回家，才能让家庭成为幸福的所在。

2002年，我在《南方周末》发表文章呼吁父母要学习，要像考驾驶证一样持证上岗，做合格父母，并在全国率先创办了父母课堂。后来，我逐渐走上大讲台，在全国各地宣讲“‘倒过来’爱”的学说。

2009年我在主办“少年演讲家”集训营时，就同步开设了“动能父母大学”，我发现那些父母双方都参加学习的家庭，学习效果最好。因为父母在学习后成了孩子的动能贵人，全家一起构建了“家庭动能幸福系统”，孩子在“少年演讲家”集训营的课程效果就变得持久、稳定得多。那些父母没有陪伴孩子一起学习，或者只有父母一方来学习的家庭，课程效果不如前者。

2011年7月，我主编的《爱能赢：合格父母考级专用教材》（中小学版）正式出版，它是我和我的团队历经10年积淀，并凝聚了我前期20余年教育心得的集成之作，是一本原创的、系统提升父母爱的智慧的书。在这本书中，我特别提出了学习、练习和修习三种递进的成长方法，由此开始我基本形成了自己的课程风格和课堂特色。

父母教育是家庭教育的“深水区”和“硬骨头”，能够长期坚持在父母教育上下功夫的亲子教育机构少之又少。太忙、太不重视、太自以为是，是当前父母接受家庭教育的三大阻力。偶尔听场专家的讲座，随便看本宣传小册子，或是唏嘘一下刚刚发生的某个家庭悲剧，就是当前常见的父母学习家庭教育的方式。不成系统，不够深入，不能坚持，成为我国父母教育的三大软肋。

父母好好学习，孩子天天向上。这不能只是一句口号，而是要落实到家庭的处处细节中去，落实到父母的一言一行中去。下面我将分享我在课堂上遇到的三个案例：

亲爱的欧爸，亲爱的家长们，大家早上好！我是赫赫的妈妈，我和孩子从昨天下午5点出发去郑州看欧爸，直到夜里零点才到家，虽然很累，但看到孩子满足心愿后高兴的样子，我真正体会到欧爸所说的把疲惫当陶醉的感觉。孩子仅仅跟随欧爸学习一年多，就有了很大的突破，从刚开始不愿上台，到上台说不出话，紧张得握紧拳头，直到现在从容上台演讲。孩子在欧爸的能量场里变得越来越自信了。欧爸说新时代要让孩子自信，补自信比补学科更重要！孩子的学习成绩就在孩子自信提升的空间里！孩子自信了，写作业速度也就加快了，做什么都快，成绩提高只是顺带的事情。很庆幸我走进了欧爸的课堂。感谢欧爸！

——少年演讲家赫赫的妈妈

大家好，我是思彤的爸爸，通过今天的学习我认识到构建“家庭动能幸福系统”的重要性，我们一定要有长期影响孩子自信的“黄金”价值观，因为今天这个时代就是追求自尊、自信的时代。幸福来源于自信，自信是幸福的源泉，倘若孩子爱父母爱到自信，那就是他一生幸福的源泉，所以自信是精神生命时代最大的财富。今后我一定要把自身的毛病改掉，做孩子的榜样，做一个让孩子接受、喜欢、崇拜、感恩和信仰的好父亲。

——少年演讲家思彤的爸爸

图12　2019年1月河南郑州“少年演讲家”特训营

各位家长早上好！我是少年演讲家启轩的妈妈，和昨天相比，欧爸今天的演讲更触动我，我明白我收获到了“钻石”：

1．人格、生命就是做自信的自己。原来孩子考100分不重要，重要的是有考100分的自信！自信的孩子能看见自己的未来！

2．给孩子金山银山，不如给孩子正确的人生价值观。今天父母和孩子一样活在精神时代，只有活出精神生命，才能活出自信。我们做父母的要养成很好的行为习惯，从日常小事做起，给孩子做好榜样。

3．父母要构建“家庭动能幸福系统”，帮助孩子叠加动力，提升能力。家是孩子长期提升自信的动力场所，父母要有信仰，要常肯定孩子、认可孩子，活对时代活对爱，“123，倒过来”，“我”是一切的根源。感恩欧爸和动能专员一路陪伴。

——少年演讲家启轩的妈妈

我带领我的动能团队，十年来专注父母教育，以“动能父母大学”“优秀父母大会”和“家庭动能幸福系统”等方式，多渠道、深层次地创新和推进我国父母教育向前发展。

我坚持钻研父母教育，因为这是家庭幸福的需要，是时代发展的趋势，更是孩子成长的需求。父母的情绪是家庭氛围的晴雨表，父母的行为是家庭濡化的指南针。孩子不是直接被改变的，而是在动能系统中被爱、被正能量影响的，这样的影响才是深刻的、稳定的、持久的。

我希望“动能父母大学”能够在全国各地开花结果，我希望每一对父母在婚前、婚后都能接受必要的家庭教育，做合格的父母，育自信的孩子。我希望有更多力量加入进来，让更多家庭幸福起来，让家庭充满欢声笑语。

三、培养“动能父母导师”

有些讲师讲课讲得很精彩，却无法解决父母们遇到的具体问题；有些书涵盖的道理很丰富，但落实到家庭和父母的教育实践时，却帮不上什么忙；有些专家的咨询建议很细致，父母听了也很有实效，价格却十分高昂。

为了更好地推进父母教育，我尝试了很多方法，最终找到了最适合父母学习、互助、共修的新方法——培养动能父母导师。动能父母导师是在“欧爸动能父母大学”和“欧爸动能父母导师班”的基础上发展起来的，如今它已经变成了一种新兴的家庭教育职业。

顾名思义，动能父母导师的主要人员构成就是父母，他们是在学欧爸动能课程、读欧爸动能书籍、分享欧爸动能智慧和文化的过程中逐渐成长起来的。

图13 2015年1月四川成都“欧爸动能父母导师班”

近十年来，在“动能父母大学”和“动能父母导师班”的学员中，有一批父母因为自己家庭受益，自发地向身边的亲朋好友传播“欧爸动能”思想文化，影响了一大批家庭，帮助他们构建“家庭动能幸福系统”，这让我非常感动。

动能父母导师（简称“父母导师”）的存在使得“欧爸动能”的家庭陪伴支持服务更加贴近学员、更有温度、更快被推广。我的动能团队将在全国培养数万名父母导师，各地的动能学院将成为父母导师的集中工作地点。

父母导师的职业化，真正实现了新时代“追寻动能贵人成就自己，成为动能贵人成就别人”的幸福生活方式。它将帮助越来越多的父母“不做家长做‘笑长’，不做老师做导师”，帮助他们成为在家里带头微笑的长辈，成为孩子精神生命的动能导师、幸福导师。

欧爸动能·22天奇迹陪伴系统

第6天爱的练习

1. 绘画：画出自己家庭或学校的平面图。

2. 列举自己的家庭关系，指出需要强化的地方并提出具体措施。

3. 搜索“欧爸”微信公众号，试听“欧爸动能线上父母大学”课程。

Chapter Three

第三章

补爱比补学科更重要

“家庭动能幸福系统”是“欧爸动能”家庭教育的重要研究成果之一。我和我的团队几乎倾尽全力，前后历经十多年，终于“熬”出了它。

“家庭动能幸福系统”的核心就是爱，它是系统之爱，它是动能之爱，它对促进我们转变教育观念，更新教育思维，都有非常重要的意义。

教育，分为教和育两个部分，学科知识重在教，爱的动能重在育。所以对于家庭教育而言，补爱比补学科更重要，补动能比补分数更重要，补自信比补成绩更重要。

第一节　教在能力，育在动力

一、没有能力走不动

我想所有的爸爸妈妈都希望孩子健康成长，都希望孩子有一个幸福的人生。但是有些父母因为没有系统地学习如何正确地爱孩子，做了不少错误的事情，就如以下这个案例。

杨某与张某婚后育有一儿一女，在陪伴、教育孩子的过程中双方发生分歧，矛盾日益加深，最后因感情不和，女方张某向法院起诉离婚，并要求得到两个孩子的抚养权。然而，让张某没想到的是，杨某竟私自为当时就读四年级的儿子小杨办理了休学手续，阻止小杨去学校上课，导致小杨失学长达半年之久。

一审法院经审理认为，杨某严重侵犯了小杨的受教育权，其教育理念有重大缺陷，杨某不适宜直接抚养子女，最终一审判决两个孩子均由张某直接抚养。杨某不服，向北京市第一中级人民法院提起上诉。

二审期间，法官单独征询了两个孩子的意见，两个孩子均表示想和爸爸杨某一起生活。母亲张某表示，杨某平日对孩子的行为一贯纵容，也不关注孩子学习，孩子年幼处于懵懂期，以为纵容就是爱，所以会想和爸爸一起生活。对此，杨某的父亲也出庭作证，证明杨某平日在家对孩子格外娇惯，甚至让儿子休学在家玩游戏。

北京市第一中级人民法院经审理后认为，物质基础固然是未成年子女健康成长的重要保证，但是未成年子女健康的世界观、人生观和健全人格的养成更为重要。结合杨某长期无故阻挠小杨接受义务教育，虽经多人劝解，仍固执己见、拒不改正的事实，法院认为，杨某的行为已经严重侵犯了未成年人小杨接受法定义务教育的权利，故判决驳回杨某的上诉，维持原判。

（来源：《法制日报》，2019年7月）

上面这位父亲在物质方面对孩子的溺爱，让他失去了争取诉求的机会，而且他为了获得自己抚养孩子的权利，竟然不履行让孩子接受学校教育的义务。

更多的父母不会无理、极端到强行让孩子休学在家，他们大多只是坚持“唯分数论”——只要孩子学习成绩好，其他什么都无所谓；孩子只要按时完成作业，或者考了不错的分数，便能享受到饭来张口、衣来伸手的“幸福生活”；孩子被老师批评，或者考试考砸了，就会遭受父母的唠叨、比较、抱怨、打骂，经历一段“黑暗时刻”。

来自老一辈无微不至的“疼爱”，以及“捧在手里怕摔了，含在嘴里怕化了”的理念，只会让孩子更加远离挫折、远离痛苦、远离家务。

我们这么做是剥夺孩子选择的权利，束缚孩子的双手双脚。孩子对我们产生依赖，我们却误以为这种依赖是孩子爱我们的表现，可实际上他的感官变得迟钝，他的能力在逐步退化，他的追求渐渐迷茫。这种“爱”，其实早已经变成了“害”。

父母现在的包办、溺爱、控制等行为会让孩子失去独立性，将来没有足够的能力去支持自己面对人生路上的各种困难和风雨。这相当于给孩子挖了一口“甜蜜”的陷阱，这口陷阱看似甜蜜欢乐，却一点一点吞噬着孩子的前途和未来。

其实，真正培养一个孩子长大成人，是要学会放手让孩子去经历、去努力、去承担、去挑战，如此才能不断突破舒适区，每一次重建舒适区的过程都是孩子自信强大的机会。我们即使用一辈子去“呵护”孩子，也不能陪伴孩子过完他的一辈子，孩子终究要靠自己。

动能教育理论强调父母要重视从孩子小时候开始培养他们的能力。0岁至6岁是孩子培养能力、养成习惯的关键时期，我把它简化成“6岁立行”。成才先成人，无论孩子将来从事什么样的职业，建立什么样的家庭，他自身具备的各种能力才是这一切的前提。

没有能力走不动，就好比一只野兔从小被当作宠物饲养，整天就是吃喝拉撒睡，体态逐渐变得臃肿，并且习惯了笼内的安逸生活，没有天敌，也没有后顾之忧。然而，它失去了什么呢？它失去了快速奔跑的能力，甚至失去了在野外独立生存的能力。

二、没有动力走不远

后羿是古代著名的射手。有一天，夏王让他表演射箭，临射前夏王突然说："如果你射中靶心，我赏你一万两黄金，要是射不中，我就剥夺你的封地。"后羿顿时紧张了，怎么也平静不下来，结果连续射了两箭都没有射中靶心。夏王就问："这个后羿平时都是百发百中，今天怎么射不中了呢？"

一旁的官员弥仁答道："后羿是被患得患失的情绪害了，大王定下的赏罚条件成了他的心理包袱。如果人们能够排除患得患失的情绪，把厚赏重罚置之度外，再加上刻苦训练，那么，普天下的人都不会比后羿差。"

这是我国一则流传了几千年的历史典故，原来是强调君王统治国家不要依赖厚赏重罚，而要"无为而治"。我却在反思，为什么厚赏重罚不能给人增加动力，反而会让人变得"患得患失”呢？现在流行的一种说法是：“从外打破鸡蛋的是压力，从内打破鸡蛋的是动力。”压力和动力的区别就在于力量的来源。夏王的厚赏重罚带给后羿的是外在的压力，而不是内在的动力，这压力抑制了后羿的能力发挥，造成了两射不中的结果。

一个人没了动力会怎样？动力对人意味着什么？

我在本书第二章第二节提出了爱的五个动力级别——接受、喜欢、崇拜、感恩、信仰。我们现在可以这样来问问自己：“一个人对另一个人，或者对一件事、一个目标，在心里不接受、不喜欢、不崇拜、不感恩、不信仰，那么他的行为会受到什么样的影响？”

举例来说，一辆性能优良的高科技汽车，仅仅依靠外在的推力前进，肯定会非常费力，一旦失去这种推力，在平地它就会停下，而当遇到下坡时，它就会在重力的作用下快速前进，然后撞毁。不过，要是给它装上卫星导航系统，并有了准确的目标和充足的动力，那么即使是无人驾驶，它也能安全、迅速地到达目的地。

“欧爸动能”强调“动力是根，能力是本，动能是根本”。在教育孩子这件事上，我们做父母的要反思，自己给孩子的究竟是压力、推力，还是动力？如果只是“头痛医头，脚痛医脚”，没有解决动力问题，没有解决“根”的问题，那么可以说根本就没有解决问题。

有一些孩子成绩好、能力强，在外人看来十分优秀，可是他们的心早已枯竭，失去了动力，最后就像一颗闪耀的明星突然坠落，让人惊愕和叹息，就像林嘉文的案例。

2016年2月23日深夜，陕西西安一小区，发出“咚”的一声闷响，随后传来一位中年妇女的呼喊：“嘉文！嘉文！”呼喊声很快变成了撕心裂肺的哭喊声。已出版两本史学专著，18岁的高三学生林嘉文坠楼身亡。

坠楼当晚，林嘉文做好作业，吃了药，并给朋友发去最后一封电子邮件，里面写道：“未来对我太没有吸引力了。仅就世俗的生活而言，我能想象到我能努力得到的一切，也早早认清了我永远不能超越的界限……”

据传，半年前他患上了抑郁症。西安中学信息中心的魏主任称，林嘉文成绩较好，且对秦汉史、道教史、宋史等领域研究颇深，周围能与他交流的人不多。

林嘉文这样解释自己的离开：“向我的‘朋友们’致歉，抱歉我给过你们一些错觉，我曾自私地尝试与世界相处，努力放下我自以为是的精神洁癖……我对古人的历史没什么兴趣，但每当我感到活着疲惫、无趣时，我总会自然地想缩进历史的世界……两年多来每一次对压抑、恐惧的感受都推动着我在脑海里沉淀下今日对死亡的深思熟虑，这让我不再觉得自己的离开只是草率的轻生。”

一个这么优秀的高三学生，一边备战高考，一边出版了几十万字且具有学术价值的著作。著名历史学家、宋史研究大家李裕民教授盛赞林嘉文为“新中国成立后如此年龄著书写宋史的第一人”“新中国成立后最年轻的具有学术研究能力和水准的作者”。他的离去让人唏嘘，他究竟怎么了？

“未来对我太没有吸引力了”，这一句话透露了他内心动力的缺失。就像一个孩子说“数学对我太没有吸引力了”“学校对我太没有吸引力了”一样，林嘉文的这种内心动力缺失，只是程度更深罢了。

能力固然是立身之本，动力却是自强和自信的根源所在。

没有动力走不远，就好比一只成年野兔被困后，放弃了挣扎和反抗，它出色的能力没有了用武之地，它的眼里渐渐失去了光彩。

我们需要反思的是，我们对孩子所谓的爱或者所谓的教育，是不是如同“温水煮青蛙”？会不会造就另一个“伤仲永”的故事？我们到底是不是能够辨识“千里马”的“伯乐”？

三、内修信仰动力足，外练演讲能力强

我想父母们这时候最想问的问题是，家长最需要培养孩子的哪些能力？怎么培养？孩子的动力从哪里来？不要着急，请先看看我的故事。

因为家境贫寒，我到9岁才上小学一年级，幸亏在小学五年级时遇见了我的动能贵人——我的体育老师，他用“演讲复述

学习”和“陪伴支持”的方法，帮助我实现了从差生到优生的逆袭，我也因此从小立志要当一名体育老师。

1985年我读大二，我的五弟因为涉嫌拦车抢劫被当作少年犯逮捕了，从那时起我就开始收集家庭教育方面的书籍、杂志，看到有关家庭教育的文章就摘抄下来，大学毕业时我带着两箱家庭教育的书刊离开了校园。

我原本想报考家庭教育方面的研究生，查遍了所有院校却找不到跟家庭教育对口的专业。后来我主动跟校方申请去成绩最差的学校当体育老师，因为我觉得越是成绩差的学校，学生的家庭教育问题就越严重。1987年，我终于如愿成为株洲市第一中学的一名体育老师，我从代理班主任做起，改进了我的小学体育老师的方法，在班级推行“演讲互助学习法”，并坚持深入到学生家家访，这种教学实践效果显著，后面我很快成为该校的年级组长，之后先后担任教导主任和副校长。

在公办学校从事知识教育工作十年之后，我遇见了李阳。1997年，经时任长沙市外国语学校李夕庆校长推荐，我开始了解李阳，考察“李阳疯狂英语”。因为看中“李阳疯狂英语”运用演讲教学，帮助大家突破不敢开口、不喜欢开口的两大心理障碍，激发大家利用身体资源全力以赴学英语的积极性，我选择与李阳合作，和他一起拉起大篷车队进城下乡推广“李阳疯狂英语”。六年的时间里，我用组织策划演讲教学的方式，第一次走遍了全中国，那六年的能力教育经历，加深了我对教育的认识，升华了我对祖国的热爱，并激发了我想要把优质的教育播撒到中国每一个角落的梦想。

2001年6月8日，我走进了另一位教育名师的课堂，他将自己通过“赏识”把聋哑女儿培养成少年大学生的经历整理成了“赏识教育”论，他就是周弘。“李阳疯狂英语”调动了孩子学英语的能力，但在增强孩子学习动力方面还有不足，我觉得周弘的“赏识教育”可能就是我要找的动力教育。很快，我和周弘老师一拍即合，我正式离开了“李阳疯狂英语”，全力推广“赏识教育”。那段时间，我干得乐此不疲，因为我觉得我终于在家庭教育领域找到了一块可以奋斗的土壤，我开办培育孩子动力、教孩子学会赏识和感恩的“赏识教育好孩子快乐营”，策划出版周弘老师的《赏识你的孩子》，开设父母课堂……2006年，我们与新加坡梁志强导演合作推出了以“赏识教育”为核心思想的电影《小孩不笨2》，我与梁导也因此结下了深厚的国际情谊。

自2009年起，我开始独立创办“动能教育”。因为我在之前22年知识教育、能力教育和动力教育的实践中发现，教育不能走极端，而是要在能力和动力之间达成一个动态的平衡，比如对于长期缺乏赏识的孩子，我们要“倒过来”通过赏识让他补充动力；而对于经常被赏识的孩子，我们要“倒过来”适当地通过挫折让他拓宽胸怀。只有将动力和能力相结合，才能培训出动能父母，才能培养出动能孩子。为此，我又花了六年时间，围绕“倒过来”爱的动能教育，完成了其理论系统构建、教材系统编写、课程系统研发、人才系统培养等基础工作；我自己也完成了从幕后管理策划者到台前教学名师的蜕变，称呼我为“欧爸”的父母和孩子越来越多了。

在动力方面，“欧爸”已经成了我的信仰，也就是说我对“欧爸”的动力级别理论已经到了感恩和信仰的地步。在能力方面，“欧爸”每年在全国各地讲学上千场，有时一天就要讲四五场，“欧爸”通过演讲拓宽了心胸格局，提高了爱的能力。现在有时候我甚至会说：“我也挺喜欢‘欧爸’的。”因为“欧爸”已经成了我的人生定位，成了我的奋斗目标，也成了全国各地父母和孩子们送给我的动能名字。

至于我自己，因为我生在农村、长在农村，所以我更喜欢说欧阳维建是一个在孩子心灵土壤上辛勤耕耘的“教育农民”。

图14　少年演讲家和欧爸在一起

以上是我对自己以往教育生涯做的简要总结，我不是吹嘘，更不是炫耀，只是想强调：没有能力走不动，没有能力学不动；没有动力走不远，没有动力学不好；内修信仰动力足，外练演讲能力强。

只要内心坚定了如同信仰般的动力，又具备了随时随地演讲分享的能力，那么你就是一个知行合一的人，一个自信的人，也必将成为一个幸福的人。

欧爸动能·22天奇迹陪伴系统

第7天爱的练习

1. 一家人演绎《后羿失射》的故事。
2. 演讲“欧爸”的成长故事。
3. 一家人仔细想想手的能力有哪些，看谁想到的最多。

第二节　教在优点，育在缺点

一、优点不说不得了

我常常认为，孩子本身就是伟大的生命奇迹。他们从一个小小的、脆弱的受精卵细胞长成胎儿，再到婴儿、幼儿、童年、少年、青年各个阶段，这生命成长的期间需要多么大的幸运、多么大的投入和多少的爱呀！难怪爸爸妈妈总是喜欢把孩子叫作“宝贝”。

但是，“宝贝”健康成长需要的因素究竟是什么？

本书第一章第二节讲到人有两条命，物质生命需要正常的吃喝拉撒睡，精神生命需要的是安全感、自尊感和价值感。这些东西又是怎么和优点产生关联的呢？我们从另一个角度来看，优点是什么？优点其实就是孩子的行为达到了社会或父母期待的既定标准，反之，则被定义为缺点。简而言之，就是我们想要的，孩子做到了，这就是优点。

我们期待孩子早睡早起，自觉刷牙洗脸，不挑食，上学不迟到，放学按时回家；我们期待孩子得到老师表扬，考试得高分；我们期待孩子上名校，找个好工作，组建一个幸福的家庭；我们期待儿孙满堂……这跟农民在地里锄草、松土、播种、施肥、灌溉、收割，最后享用劳动成果是一个道理。只不过孩子比庄稼要复杂得多，影响孩子成长的环境和因素要复杂得多，所以，养育孩子通常不是件容易的事。

我们的种种期待，通常源于某些价值观，我们用这些价值观去衡量孩子，通过我们的大脑、眼睛、耳朵、嘴巴等去审视、判断和评价孩子的行为，最后得出跟这些价值观相匹配的结论——孩子的优点或缺点。这就是从过去到现在，大多数父母教育孩子的方式：

第一步，先告诉孩子我们想要的结果是什么；

第二步，让孩子看到什么是好的做法，什么是坏的做法；

第三步，挑出孩子的优点和缺点；

第四步，评价孩子是好孩子还是坏孩子。

许多父母在教育孩子的过程中，甚至会跳过前面两步，直接指出孩子的缺点，进而评价他是一个坏孩子。在我接触的众多家庭中，有不少孩子被爸爸妈妈打了、骂了，却没有弄清楚自己为什么被爸爸妈妈打骂。所以我强调，教育首先要解决教什么和怎么教的问题。我们教的是价值观及与之相匹配的知识点和行为期待，我们通过表扬优点、惩罚缺点的方式来教孩子。

但是，从动力和能力的角度来看，这样做还远远不够。如果孩子一开始就不喜欢甚至不接受我们的价值观和行为期待呢？如果我们的孩子的能力培养周期比其他孩子要长呢？如果父母自己对孩子每个年龄阶段所需要培养的价值观和行为缺乏科学、系统的认识呢？无论出现哪种情况，如果我们不正视这些问题，而只是单纯地想要我们期待的结果，最终得到的就只有失望。

所以，我提出了“优点不说不得了”的理念：

优点不说不得了，因为优点代表的是我们希望孩子习得的价值观、知识和能力；

优点不说不得了，因为优点代表的是孩子将来成长、改变和突破的方向；

优点不说不得了，因为优点代表的是孩子身上已有的动力、能力和潜力；

优点不说不得了，因为优点是覆盖和替代孩子当前缺点的最佳材料；

优点不说不得了，对优点的赏识、推崇和分享是孩子安全感、自尊感、价值感的基本来源。

一个孩子，即使浑身都是缺点，但只要在他身上发现了一个细微的优点，这个优点就会像一盏灯，照亮他心里的一小片黑暗。我们从这个优点出发，继续去培育优点、发现优点，孩子心里的黑暗之处就会更多地被点亮，渐渐地，这个孩子就会真正自信起来。

二、缺点少说慢慢少

“我不就是说你几句吗？我这样说也是为你好呀！”我常常能听到父母在“教育”自己孩子的时候，说这样的话。

我前面已经说过，孩子的优缺点跟我们奉行的价值观有关，跟我们对孩子的期待有关。当孩子的行为和我们奉行的价值观以及期待不符合时，我们很容易看见他的缺点。不仅如此，我们还善于把孩子的个别行为跟价值观挂钩，比如孩子玩手机、打扮自己就是不好好学习；跟弟弟妹妹争抢、争辩就是欺负他人；成绩不好将来就考不上好大学、找不到好工作、挣不到钱……

从心理学的角度来说，这叫“贴标签”。这不仅是对孩子当下行为的评判，更是在我们自己和孩子大脑里留下刻板印象。这样的话说多了以后，我们和孩子都会被大脑里的刻板印象所影响，我们会认为孩子就是有这样或那样的缺点，孩子也会认为他就是有这样或那样的缺点。更可怕的后果还在后头，当别人听到我们这样说自己的孩子时，他们也会产生这种印象，也会给我们的孩子“贴标签”，慢慢地，这“标签”就变成真的且无法被“撕掉”了。三人成虎，人言可畏，祸从口出。为什么我要强调“缺点少说慢慢少”？因为说者或许无意，但是听者必定有心，我们做父母的，真的要管住自己的嘴。

此外，中国传统文化中常说“夫妻床头吵架床尾和”“家丑不外扬”“大事化小，小事化了”等，乍一听只觉得是思想保守，其实这里面隐藏着我们中国人对待家人缺点的合理态度。我想说的是，缺点的改变固然很重要，但是还有比改变缺点更重要的事情，那就是维护双方的关系。如果改变缺点的代价是要破坏双方的良好关系，那么这个缺点是不是不改也罢？

我在本书第一章第三节中讲到我们要在家里做到“六不”——不唠叨、不比较、不挑剔、不计较、不攀比、不评判，就是要通过做到这六个方面，来保障爱的价值观在家里得到维护和体现。只要家人的缺点不违反法律法规，不涉及道德素养，不伤害自己或他人，那么对他的缺点我们是不是就不应该“穷追猛打”“除之而后快”呢？

有时候，我们在别的地方受了委屈，再碰到孩子或其他的家人有缺点出现时，就会忍不住发脾气。这是借机撒气，看似是自己的情绪得到了宣泄，结果却是伤人伤己。

我在给少年演讲家的66条价值观中有这样一条：“爱自己的五大秘诀：不要用自己的错误来惩罚自己；不要用别人的错误来惩罚自己；不要用自己的错误来惩罚别人；不要用别人的错误来惩罚别人；不要用过去的错误来惩罚现在。”父母唠叨、计较、挑剔、评判孩子的

图15　父母要学会闭嘴

缺点，其实是在用错误惩罚自己或别人，是被困在了缺点里。这时候父母容易看不见优点，容易失去理智，容易变得暴躁，而这样的父母是不可能真正改变孩子的，随之而来的可能就是孩子在父母的权威控制、压迫下暂时妥协，甚至反抗。

更重要的是，每个孩子在成长的过程中，都会有这样或那样的缺点，当孩子有缺点的时候，其实是父母爱孩子的一个机会，是我们给孩子增加动力和培养能力的最佳时机。这个时候，也正是考验我们做父母的教育智慧和教育能力的时候，如果这时觉得自己没有办法帮助孩子，我们可以请教其他人，或者让更加专业的人来帮助自己和孩子。

不要忽略孩子的缺点，也不要企图通过别的方式来遮掩孩子的缺点。缺点会帮助孩子成长，我们要做的，就是通过陪伴和支持，让孩子充分感受到安全感、自尊感和价值感。

不要指责孩子的缺点，也不要企图直接改掉孩子的缺点，父母只有构建一个爱的能量场，才能有效影响和化解孩子的缺点。

不要害怕孩子的缺点，也不要因为孩子的缺点而纠结或痛苦，父母正确对待孩子的缺点，孩子才能更有动力和勇气面对困难、战胜困难。

三、人是优缺点的平衡体

部分父母能做到不说，或者少说孩子的缺点，已经很不容易了。为什么会这样？因为我们一直没能从根本上正确认识优点和缺点的关系，以及人和优缺点的关系。

我们在家庭里有夫妻关系、亲子关系、婆媳关系、隔代关系等，在家庭之外还有同事关系、同学关系、师生关系、朋友关系、上下级关系等，甚至我们自身也有很多关系存在，比如手和脚的关系、知和行的关系、本我和超我的关系……在这些纷繁的关系中，什么关系才是最重要的？

我在教育研究和实践中发现，有一个关系非常重要，只要处理好这个关系，由其他关系所产生的问题都会迎刃而解，这个关系就是优点和缺点的关系，我把它形象地比喻为“母关系”。现在，让我们一起来好好认识一下这个“母关系”。

首先请大家回答一个问题：世界上有没有什么东西只有优点没有缺点，或者只有缺点没有优点？实际上是没有的。因为优缺点本来就是不存在的，它们只是我们主观判断的结果。我们根据一定的知识、常识、文化、价值观，或者根据我们当下的感受、利益、冲动、直觉，来判断某个人、事、物的优点和缺点。比如大家使用的手机，有很多优点，小巧轻便、功能多样，还能上网；但是也有很多缺点，款式容易过时，会造成眼睛疲劳、近视，还可能影响工作和学习，等等。

优点和缺点就是这样在各种各样的判断中出现，它们像是一枚硬币的两面，有时候正面在上，有时候反面在上。如果我们真的想全面认识这枚硬币的话，怎么可以只看它的正面，或者只看它的反面呢？倘若我们换个角度、换种方式，还可以看到它的侧面、它的里面、它的制作工艺、它的流通过程、它的历史文化……

一枚硬币尚且如此，更何况我们的孩子、配偶，甚至我们自己呢？每个人都是优缺点的平衡体，每个人都必须要学会正确认识与处理优点和缺点这个“母关系”。

只有缺点没有优点的是“鬼”，只有优点没有缺点的是“神”，神是人类想象中的完美的“人”，但是这个世界上没有“完人”。真实的人是同时存在优点和缺点的，“人”字的一撇一捺就分别代表着优点和缺点，也正是优点和缺点同时存在，才相互支撑形成了“人”字。所谓“大人”，也不过就是在“人”的基础上，又增加了一半优点和一半缺点。

图16　所谓“大人”

当我们看到孩子有缺点的时候，就要警惕我们是不是在用某种价值观，或者某种情绪评判孩子。

当我们看到孩子有缺点的时候，就要想到缺点的对面还有优点，就要想到优点和缺点都是孩子生命的组成部分。

当我们看到孩子有缺点的时候，就要记住“优点不说不得了，缺点少说慢慢少”，而不是“优点不说跑不了，缺点不说不得了”。

其实，教育孩子并不是一定要改变孩子的缺点，我们可以从缺点出发，帮助孩子发现并培育他的优点，再努力发扬这些优点，把优点培育成优势，培育成特长和绝活。

欧爸动能·22天奇迹陪伴系统

第8天爱的练习

1. 把配偶和孩子的缺点写在一张白纸上，完成后用剪刀剪碎扔进垃圾桶。

2. 把配偶和孩子的优点写在一张彩纸上，完成后贴在家中显眼的位置。

3. 演讲：当着家人的面，各人依次分享自己的优点（5个以上，家人可以相互帮助）。

第三节　教在智商，育在情商

一、金山银山不如正确的价值观

电影《少年的你》中，女主角陈念说：“高考完，我们就变成大人了，但是，从来没有一节课教过我们，如何变成大人。”郑警官回答：“长大就像跳水，闭上眼睛什么都别想，往河里跳，河里头有沙子、有石头，还会有蚌壳，我们都是这么长大的。”这般长大的方法，让我想起了一则讲雏鹰学习飞翔的故事，鹰妈妈把雏鹰带到高高的树上或悬崖边，然后让它们摔下去，有的雏鹰摔死了，有的雏鹰学会了飞翔。

我们培养孩子，需要掌握方式方法，如果把孩子“抛进水里”或者“推下悬崖”就能达到教育效果，那我们和鹰妈妈又有什么区别呢？父母和老师存在的意义又在哪里呢？每个孩子都是爸爸妈妈的心头肉，谁又忍心用这种残酷又危险的方法来教育自己的孩子呢？

另一种极端的做法是，为孩子准备好一切，根本不让孩子受委屈与挫折，这样其实是剥夺了孩子成长的机会，是父母溺爱和自私的表现。

为了在教育孩子的过程中，尽可能少犯各种各样的错误，我们必须从思想观念上下功夫，要从一开始就树立正确的价值观。只有这样，我们才能有的放矢，不迷失方向，孩子才能找到属于他自己的人生道路。

我提出的“动能教育”强调“成才先成人”。什么是成人？我认为孩子自己有了一套相对完整和稳定的价值观，来激发自己的动力和能力，并用其指导自己去追求个人生活，以及参与家庭生活和社会生活，就叫成人。孩子对正确价值观的接受、喜欢、崇拜、感恩和信仰，才是他成人的基础。

给孩子金银珠宝，不如给孩子正确的价值观。林则徐说过：“子孙若如我，留钱做什么？贤而多财，则损其志；子孙不如我，留钱做什么？愚而多财，益增其过。”一个自信的、有充足动力和能力的人，不需要依靠父母的钱财过活；而一个懒惰、愚笨的人，即使继承了大量的财富，也只会坐吃山空，或者反受其害。

真正能够时时刻刻陪伴孩子一生的，不是父母，也不是父母留给他的钱财，而是正确的价值观，以及正确价值观带给他的无限动力和能力。

价值观是什么？价值观跟人生观和世界观的关系是怎样的？从爱的角度，从动力和能力的角度，我是这样理解的：价值观是知识、经验、原则上升到价值和智慧层面的产物，它存在于人的脑袋里，指导人进行价值判断和行为选择；当价值观落实到个体行为上，并转化为追求人生目的、人生态度和人生价值的能力时，价值观就变成了人生观；当价值观和人生观落实到个体心理上，并在心里化为更高级别的爱的动力时，人就有了自己的世界观。

让孩子从小在心里种下正确价值观的种子极为重要，它将帮助孩子建立受用一生的价值观、人生观和世界观。

在“欧爸动能”教育开设的“少年演讲家”亲子课程中，父母和孩子都需要学习、练习和修习“倒过来”爱的动能教育价值观，它蕴涵着自信观、苦乐观、演讲观、学习观、政治观、财富观和幸福观等，是我和我的团队在一次又一次教育实践中总结提炼出来的。它主要分为“五爱”（爱他人、爱自己、爱学习、爱演讲、爱目标），旨在培养少年演讲家“新三好”（做人好、自信好、能力好）的做人、做事品质。

以下是“欧爸动能”给少年演讲家的66条价值观的详细内容：

“欧爸动能”少年演讲家66条价值观

爱他人

1. 爱是一种信仰，要爱到对方接受我、喜欢我、崇拜我、感恩我、信仰我，并且能承受得住委屈和挫折。

2. 每个人心中都有爱的“账户”，我爱他、让他喜欢我，就是“存款”；我怨他、让他讨厌我，就是“取款”。

3. 对我爱的人说“我爱你”，永远不要等太久，永远不要让爱我的人失望，永远不要让父母失望，永远不要让祖国失望。

4．孝心是不能等的，不要总要求父母和老师为我做什么，要常常想想我能为父母和老师做什么。

5．我不一定喜欢我所欣赏的人，但我一定喜欢欣赏我的人；我不一定喜欢所有人，但我一定要欣赏所有人。

6．山不动，我来动；说不通，写得通；好太累，坏太罪；好不累，坏不罪。

7．优点不说不得了，缺点少说慢慢少。缺点的对面一定有优点，我要做欣赏缺点对面的优点的人。

8．做人的心态应是只有特点，没有缺点；只有不同，没有不好；只有存在，没有问题；无好无坏，全在心态。

9．做人的选择应是对方有缺点、短处、难处、病痛的时候，正是我理解他、心疼他、包容他、帮助他、爱他的最佳时机。

10．如何理解爱与挫折的关系？没有挫折的爱是溺爱，没有爱的挫折是伤害。

爱自己

11．别人怎么对待我，是我告诉别人的；我的一切都是我自编、自导、自演的结果；我是一切的根源，爱是所有的结局。

12．总抱怨，癌病变——“抑郁症”是对缺点和负面形成了信仰，是“癌症个性”；常感恩，幸福生——学会包容，每个缺点的存在都有价值，价值就在缺点的对面。

13．自信是别人给的，别人都相信我，我就自信了。好孩子是信出来的，好父母也是信出来的。

14．做事重要，懂得做事背后做人的意义更重要。我所拥有的一切都是我用来做事、做人的根本。

15．开口了，不怕了；人放开，花开放。

16．先知长，后知短；放大长，缩小短；现在短，未来长；珍惜长，善待短。

17．苦之源，乐之本；无烦恼，无人生；没委屈，长不大；再不幸，找万幸。

18．真正的快乐是学会去做正确的、但也许是痛苦的事情。只有学会做自己不喜欢的但是正确的事，才有资格去做自己喜欢的事。

19．当面骂我的人比“捧”我的人更爱我；出丑就是成长，痛苦就是长大；过去的痛苦就是快乐，现在的痛苦就是成长；痛苦别浪费，好好长智慧。

20．爱自己的五大秘诀：不要用自己的错误来惩罚自己；不要用别人的错误来惩罚自己；不要用自己的错误来惩罚别人；不要用别人的错误来惩罚别人；不要用过去的错误来惩罚现在。

21．要做什么人？不做人上人（自负）：我好你不好，未来也不妙；不做人下人（自卑）：你好我不好，活着太无聊；不做人外人（变态）：我不好你也别想好，世界乱糟糟；要做人中人（和谐）：我好你好大家好，这个世界真美好。

22．有信仰的人就是有“倒过来”胸怀的人，有信仰的人从来不被伤害，承认别人的长处并不意味着妄自菲薄，而是有信仰的表现。

23．每天告诉自己四句话：我是最棒的；我是独一无二的；我是创造奇迹的人；我一定会成功。

24．万物改变，从我开始。我改变了我自己，就改变了全世界。

25．你骂我，我骂你，骂来骂去骂自己；你怨我，我怨你，怨来怨去怨自己；你恨我，我恨你，恨来恨去恨自己；你爱我，我爱你，爱来爱去爱自己。

26．幸福的奥秘：批评别人、抱怨别人实际上是贬低自己；背后说别人的“坏话”，是对自己精神和肉体的背叛；当我不再说自己、家人、同学、老师“坏话”的时候，我就拥有了幸福的“两倍人生”。

27．做人的品格：我要做积极、阳光、正面、快乐，自己有信仰并给别人带来信仰的人。

爱学习

28．跟欧爸学习：一个字——“爱”；两个字——“资源”“重复”“演讲”“信仰”“做人”“策划”；三个字——“倒过来”“地头力”；四个字——“心能行能”“心胸格局”；五个字——“爱”“正”“真”“责”“义”；六个字——“六十六价值观”；一句话——“全心全意，做人的同时做事；全力以赴，做事的同时做人；我要做伟人”。

29．“倒过来”动能教育五把金钥匙：把挫折，当存折；把苦难，当宝藏；把压力，当动力；把消极，变积极；把成功，变成长。

30．我永远把今天当成最后一天，除了三餐之外，我一定把其余精力都放在学习和增长智慧上。

31．重复是学习之王，天才就是利用资源有效重复次数最多的人；我身上和身边所有的资源都是用来重复的；我所拥有的一切都是重复的结果。

32．做以前没有做过的事情叫成长，做以前不愿意做的事情叫改变，做以前不敢做的事情叫突破。

33．垃圾放对地方就是资源，资源放错地方就是垃圾。学习最重要的资源是自己、父母和老师。学习能力就是将资源有效重复的能力。

34．不做学习的“雇佣军”：被逼学习被人雇佣，痛苦；要做学习的“志愿军”：为自己学习，自愿学习，快乐。

35．少年演讲家，学习我当家。少年演讲家，世界我当家。

36．学进去的是知识是应试教育，讲出来的是能力是素质教育，学习成绩与演讲重复的次数成正比。

37．每日四问：今天我分享了吗？分享是最有效的重复。今天我刻苦了吗？刻苦增加了重复的次数。今天我感恩了吗？感恩是幸福的源头。今天我欣赏了吗？欣赏是沟通的工具。

38．我不仅要成绩好，更要能力强；我不仅要分数高，还要心情好。少年演讲家“新三好”：做人好，自信好，能力好。

39．教育的方向不是把自尊摧残成自卑，而是把自尊培养成自信。自信是学习的动力，自卑是学习的阻力。

40．动能教育就是帮助孩子构建信仰系统，激发学习动力，掌握学习方法，提高学习能力，提升自信，最终实现知行合一的教育。精英孩子就是具有中国灵魂、国际胸怀，能“倒过来”以苦为乐、以天下为己任，能做到“新三好”和“五爱”的领袖型人才。

41．为何父母要评级？因为任何成功都无法弥补教育孩子的失败；不是孩子不优秀，而是父母太落后；好农民不让最矮的庄稼枯萎，好父母不让最“差”的孩子自卑。如何做精英父母以及正确地爱孩子都是需要学习和修炼的！

爱演讲

42．困难困难，困在肚里就叫难；出路出路，讲出来就是路。心中有苦说出来，痛苦会减半；心中有乐说出来，快乐会翻倍。

43．演讲力就是学习力，演讲力就是影响力，演讲力就是领导力，演讲力就是品牌力，演讲力就是幸福力。演讲改变命运，让演讲和分享成为一生的快乐习惯。

44．演讲就是用真心和真情讲故事、讲道理、讲有意义的话、讲感恩和赏识的话。“讲故事”就是将理性的道理感性地说；“讲道理”就是将感性的故事理性地总结。

45．定位定地位，分享分天下。定位就是定信仰，分享就是分享信仰和传播信仰。

46．学习是一种信仰。建立信仰、传承信仰的终极途径是演讲。重复是学习之王，演讲是学习的王中王，天才就是演讲与重复次数最多的人。

47．演讲不是为了炫耀自己有多厉害，也不是为了表现自己有多精彩。演讲的目的是传播爱，是“倒过来”察觉和满足对方的需要，让对方去行动。

48．不知答案却敢于站出来回答的人，比知道答案却不敢站出来回答的人强一百倍。

49．人生没有彩排，每次都是直播。通过演讲整合资源，演讲中随机应变的能力叫“地头力”。

50．“说”中求进，“讲”中求乐，讲出信仰以立志，讲出精英以强国，演讲是人生成功的第一生产力。

51．把自己的“私想”变成别人的“思想”，就是从“私想家”到“思想家”的跨越，中间的过渡桥梁是“演讲”。

52．是人才的不一定有口才，有口才的一定是人才。口才决定未来，演讲感召世界。命运掌握在自己的手里和嘴里。

爱目标

53．我要做“伟人”。我就是品牌。我就是榜样。我就是伟人。

54．“倒过来”成功的奥秘在于任何成功都是从“策划”开始的。先定为“计划”，后成为“执行”，再变为“结果”。任何成功都是精心设计流程、整合资源、叠加能量的结果。没有流程，成功就会“流产”。

55．“倒过来”动能教育思维奥秘：倒过来，就明白；倒过来，黑见白；倒过来，找回来；倒过来，好未来。

56．爱是一种信仰，只有爱可以战胜一切；信仰是爱的最高境界，只有信仰才能改变世界。

57．有信仰的人“活着”，没信仰的人“死了”。有信仰的人有千方百计，没信仰的人遭遇千辛万苦。

58．有所“得”是低级快乐，有所“求”是高级快乐。用心才能开心，投入才能深入，付出才能杰出。

59．有信仰的父母可以照亮孩子的未来，有信仰的孩子可以照亮自己的未来。信仰照亮未来。

60．有信仰的人是不断走出“舒适圈”、挑战“痛苦”的人，你能承受多大的苦难，就能成就多大的事业。

61．宁做有信仰的乌龟，不做没信仰的兔子。学习的目标不是要孩子考100分，而是要培养孩子能考100分的信仰。

62．学什么不重要，用爱父母的信仰去学才重要；做什么不重要，用爱祖国的信仰去做才重要。

63．不是高不高，而是敢不敢，无脸无皮，所向披靡。不是高不高，而是信不信，无脸无皮，信仰无敌。

64．信仰的四个层次：相信、信任、坚信、信仰。形成信仰的四个步骤：建信、分信、他信、传信。

65．少年演讲家的“五个精神品质”：说尽千言万语，想尽千方百计，走遍千山万水，吃尽千辛万苦，服务千家万户。

66．要想双手拥有，爱在心中停留。心中有爱，人才厉害，爱通天下。

我在第一章第三节谈到追求家庭幸福的过程中，父母和孩子都需要在努力提高自身价值、创造社会价值的同时，学会增强彼此的价值感，要有意、刻意、故意让对方感受到被爱，要让对方有学习、练习和修习施爱的机会。而这一切的前提，就是一家人都在一致的、正确的价值观指导下，做到目标一致、行动一致。

夫妻之间价值观不合，矛盾和争吵就会经常发生。

亲子之间价值观不合，压迫和反抗就难以避免。

家庭内部价值观不合，家庭幸福系统就无从构建。

列夫·托尔斯泰说："幸福的家庭都是相似的，不幸的家庭各有各的不幸。"幸福家庭的共同点就是他们都在家庭思想层面做到了价值观的统一。

二、给孩子金钱不如给孩子经历

教给孩子正确的价值观，最直接、最简单的办法就是像我那样将价值观一条一条列举出来，让孩子看、读、背，反复看，反复读，反复背。但通过这样重复学习得到的价值观，大多只停留在脑袋的层面，只能让孩子达到接受的动力级别。

要想孩子真正接受、喜欢、崇拜、感恩和信仰某些正确的价值观，必须让孩子自己去经历，必须让孩子在经历中充分调动各个感官，去听、去嗅、去触碰、去仔仔细细地切身体验。这些东西是不能通过金钱直接实现的。很多时候，金钱只是一个资源，帮助我们完成各种各样的经历。

给孩子金钱不如给孩子经历。我们不能犯的错误是用金钱替代孩子的经历（比如突然宣布取消假期旅行，而给一些钱以安慰孩子）；用金钱剥夺孩子的体验（比如家庭的吃穿住用行都通过金钱消费来完成，孩子不知道粮食的种植过程，不懂得劳动的辛苦）；用金钱扭曲孩子的经历（比如用金钱简单地刺激孩子完成他自己本应该要做的事）。

2019年7月8日晚，郑州某小区发生一起高空抛灭火器事件。经排查，该小区租户家的一名13岁男孩从16层先后抛下2个灭火器，所幸未造成人员伤亡。7月10日，男孩及其家属写下道歉信和保证书，贴在事发楼栋3个单元门口，向业主道歉，但大多数业主仍要求他们全家搬离小区。男孩一家已经同意搬离。

微博上一条“2019年12月14日，邹城马庄发生持枪绑架案”的消息引起了不少市民的恐慌，引发大量网友关注。经网警部门核实，该事件是一名小学生用自己的微博发布的虚假信息。公安机关迅速找到了发帖人高某，经询问，高某目前正就读小学六年级，事发当天高某在放学路上看到两男子戴头套抱在一起，其中一人手里拿着一疑似枪状物品，高某回家后用自己的微博发布了一条持枪绑架案的消息。经公安机关民警严肃批评教育后，高某认识到自己的错误并深感后悔，主动删除微博并保证不再发布类似不实信息。

2019年12月14日，安徽宿州某县一名15岁男孩，因为玩手机游戏将其父亲银行卡的5000元钱花光，被家人责备后，他一时想不开欲轻生。危急时刻，执勤民警奋勇营救并把他护送回家。随后，民警和其家人进行了沟通，希望家长教育小孩要注意方式方法，不要采取过激行为。男孩的家人虚心接受并表示感谢。

类似这样的“熊孩子”事件，每天在全国各地都会发生。孩子出现这些错误做法的根源，是他们的家庭缺乏相应的价值观教育，并且这些孩子的错误行为都将会造成严重的后果。他们平时或许学过相关的知识，但是这些知识并没有内化在脑袋里变成他们的价值观，没有落实到行为上变成他们的人生观，没有落实到心灵里变成他们的世界观。因此，他们才会让一时的好奇、新奇、刺激等情绪控制自己，做出“傻事”。

一千次说教不如一次体验，给孩子金钱不如给孩子经历。

知识要通过亲身体验和经历，才能变成心里的动力和行动的能力，孩子才能实现知行合一。

三、补爱比补学科更重要

真正的教育要把教给孩子正确的知识上升到价值观层面，并帮助他把价值观转化为他接受、喜欢、崇拜、感恩和信仰的人生观和世界观，而不只是教孩子各学科的知识。当前我国教育部门支持学校组织学生开展研学旅行活动，就是为了让孩子们在实践中巩固知识、升华体验、形成价值观。

作为孩子的父母，我们要做的就是一定要在帮助孩子的物

图17　换种方式教育孩子

质生命长大的同时，把他的精神生命也养育大。

精神生命的最高级别，也就是爱和动力的最高级别，就是两个字——信仰。信仰是特定的价值观、人生观和世界观在个人身上形成的统一的表现。它是指爱一个人、爱一种思想、爱一种价值观，或者爱一个目标，爱到使其成为自己生命不可分割的一部分，并把它当成自己一辈子要追求和呵护的、一辈子要负责任的对象，为了它愿意拼命、不怕丢脸、不怕牺牲。

信仰不是宗教和政治的专属品，而是一种能量级别，它是做人、做事的最高动力级别，是内心动力的源泉。一个有信仰的人才是真正自信的人。我们现在之所以是现在这个样子，就是因为我们从来没有真真正正信仰过一个人、一种思想、一种价值观或一个目标，所以我们才感到纠结、痛苦、迷茫。“我”是一切的根源，根源就在于我有没有信仰，因为信仰可以照亮未来。每个人都拥有幸福的权利，只有建立起对父母、对孩子最基本的信仰，我们才能够成就幸福的家庭，培育自信的孩子。

我们要信仰自己的父母，信仰自己的配偶，信仰自己的孩子。教育孩子就是要把孩子培养成有信仰的人，孩子自己对某种价值观、某个目标有了信仰，就等于在他心里装了一个发动机，时刻提醒他、激励他、促使他为了这个价值观或目标去行动。这个发电机使他具备充足的动能。因为心里有丰富的爱和动能，他就可能成为人群中的精英和领袖。

所以，“欧爸动能”强调补爱比补学科更重要。补学科补的是什么？补的是分数，是成绩，是知识，这是“教在智商”的体现。补爱补的是什么？补的是动力，是能力，是自信，这是“育在情商”的体现。

智商不高而情商较高的人，虽然学习效率不高，但是常常学得更好，成就更大，因为他锲而不舍，勤能补拙；智商高而情商不高的人，思维敏捷、专业能力强，但是通常人际关系紧张、情感状况糟糕、领导水平不足。

情商如此重要，却没能受到足够的重视。

孩子们在校期间，除了学习知识，还会花大量的时间接受智商训练，比如通过学习数学、物理等来锻炼数字计算、空间想象、逻辑推理能力，通过学习语文、英语、历史、地理等来锻炼词句运用、记忆解析能力。学校和老师还会安排大量的练习题和考试，通过频繁的答题、测试、考核来训练孩子们的智商。高考，则是每年对全国高三学生的一次能力综合大检阅。

高分低能、高智商低情商的人在应试教育模式下层出不穷，这是过分看重分数、看重智商、忽略情商、忽视孩子内在动力系统建设的结果。最终孩子被“打开了脑门，关闭了心门”。我们忽略了这样一种教育事实：教在能力长智商，育在动力长情商；教在优点长智商，育在缺点长情商。

教育的真相在于：孩子不是用来改变的，而是需要父母和老师乃至整个系统用爱去影响的；问题不是用来解决的，而是需要孩子在父母和老师乃至整个系统的陪伴支持下，用自己的动力和能力去化解的。单纯的控制、要求、限定只能从外在改变孩子的行为，还会束缚孩子的心灵。教育是要让孩子将他感受到的爱的能量，化作自身的动力和能力，令他不断成长、改变和突破，最终实现自己、改变自己。

“欧爸动能”教育开设的“少年演讲家”课程，就是通过演讲、游学、劳动、策划等体验方式，来培育孩子们的情商。我们还把情商分解为“策商”“学商”“讲商”“苦商”“政

图18　2018年8月，少年演讲家在云南“苦信赢”课程期间的田间抓鱼活动

商”“财商”等六个方面，对应少年演讲家的“六个精神”。

策商：走遍千山万水；

学商：学尽千人万智；

讲商：说尽千言万语；

苦商：吃尽千辛万苦；

政商：想尽千方百计；

财商：赢尽千财万贯。

我们带领孩子们到闹市中、游轮上演讲自己的目标和梦想；我们带领孩子们觅伟人足迹、学伟人精神，重走毛泽东等老一辈无产阶级革命家走过的红军路；我们带领孩子们上农村、下海岛、去沙漠，到农村种庄稼、识五谷、认农爸农妈，与农民们同吃住、同劳动；我们带领孩子们去中国香港、中国

图19　2015年8月，少年演讲家新加坡“游学赢”课程合影

澳门、新加坡、澳大利亚，与当地政界议员、商界领袖共享晚宴、同台演讲。

总而言之，少年演讲家走到哪里，哪里就是课堂，哪里就是演讲台。所有的人、事、物都是教育资源，孩子们在演讲和游学中，在劳动和策划中，践行自己在书本上学到的知识，锻炼自己的能力，提升自己的动力。

一次次经历下来，孩子们身体强壮了，心里敞亮了，知识丰富了，能说会道了，学习更有动力了，整个人变得正面、积极、阳光、快乐、自信起来。他们真正成为了具有中国灵魂、世界胸怀的，能“倒过来”以苦为乐、以天下为己任的，能做到“新三好”和“五爱”的少年精英和少年领袖。

欧爸动能·22天奇迹陪伴系统

第9天爱的练习

1. 一家人一起看一部励志电影，并分享从电影中学到的正面的价值观。

2. 选出“少年演讲家66条价值观”中自己最喜欢的一条，并分享一则与之相对应的小故事。

3. 一家人分享各自曾经去过的最远的地方，并说说那里有什么特点。

Chapter Four

第四章 活对时代活对爱

我对爱、对家、对教育的思考，更多都是围绕“缺点”二字展开的。缺点的背后究竟隐藏着什么？缺点对孩子来说意味着什么？父母和其他教育者又要怎样通过缺点对孩子进行教育呢？

接下来，我将从宏观和微观两个方面入手，和大家一起探讨我们为什么要“活对时代活对爱”。

活对时代，维护自尊，给孩子补爱！
扫码获取欧爸免费视频课，
一起进行“爱”的深入学习吧！

第一节 没有缺点，只有自尊

一、活在幸福时代

我们的国家在过去30多年里发生了巨大的变化，这些变化也深刻影响着学校教育、家庭教育和社会教育。从家庭和教育的角度来说，我认为这30多年来中国社会发展经历了以下三个时代：

（一）1990年以前：生存时代

在那时，人们的学习、工作、生活都是为了生存，吃饱穿暖就是幸福。父母对孩子说得最多的是“你现在不好好学习，将来就要背锄头做苦力活”“你现在好好学习，将来就能端铁饭碗、吃国家粮”。那个时代，父母信奉的教育价值观是“不打不成才”和“棍棒底下出孝子”，父母打骂孩子的行为屡见不鲜。

在生存时代，简单的打骂既不会过多占用父母的劳动时间，又能快速地管教孩子，并且父母在打骂孩子后，只需要在物质上稍微对孩子好一点，孩子就会很快“忘了疼”。

在生存时代，人们重视的是对物质的占有和分配。生存时代的教育，是求生存的教育。在那个物质匮乏的时代，生存下来是大家普遍的追求。为了求生存，父母教育孩子要有承受压力、承受痛苦甚至承受苦难的能力，我们常能听到老一辈的父母说："吃得苦中苦，方为人上人。"

（二）1990—2010年：快乐时代

在物质需求得到基本满足之后，人的各种感官开始活跃起来。唱歌、跳舞、旅游……各种追求感官刺激的娱乐活动在全国盛行。围绕人的感官刺激，满足人的本性需求，提供短暂、即时快乐的服务行业迅速发展，比如电视娱乐节目《快乐大本营》自1997年开播以来，以题材新颖、形式多样、风格清新、内容新奇、演艺明星参与等优势获得大量观众的喜爱。

在快乐时代，人们重视的是对生理能量的释放和对感官刺激的满足。快乐时代的教育，是求快乐的教育。一方面，社会消费多样化，家庭经济条件改善，在满足基本物质需求后，父母和孩子都在求生存、求温饱的基础上有了更高的追求；另一方面，从生存时代过来的父母不希望孩子像自己当年一样吃苦，大量满足甚至过度满足孩子的物质需求，十分宠溺孩子。

图20　过分溺爱

（三）2010年至今：幸福时代

感官快乐是一种短暂的、即时的、浅层的满足，随着社会经济的发展和个人追求的提高，全民开始关注“幸福”二字。2012年国庆期间，中央电视台《新闻联播》节目播放了一组在街头随机采访普通人的新闻，采访主要提及一个简单的问题：“你幸福吗？”一个简单的提问，促使人们开始思考幸福是什么。

在这里我也想问问正在阅读此书的你：“你幸福吗？你认为幸福是什么？”我认为幸福是物质生命、精神生命上的满足和心灵世界上的富足。这是一种健康的、持久的、深刻的、充满着爱的生命状态。

在幸福时代，人们重视的是每一位家人的幸福感受，强调精神生命的安全感、自尊感和价值感。幸福时代的教育，是求幸福的教育。这种教育对孩子精神生命成长的重视应该是空前的。给予孩子充分的安全感，呵护孩子的自尊心，帮助孩子建立自信，支持孩子追求自己的人生价值，是幸福时代里每一位父母和老师努力的方向。

二、关注自尊之爱

从教育学的角度来说，幸福源于自信，一个人只有内心自信了，他才能真正品尝到幸福的滋味。孩子考了100分不一定幸福，一家人住在宽敞豪华的房子里不一定幸福，因为他们不一定是自信的。相比之下，成绩落后却仍加倍努力学习的孩子可能更幸福，家境贫寒却能够自律自强的人可能更幸福，因为他们是自信的。

本书第一章第二节讲到自信是自尊正向发展的结果，自尊是精神生命的底线，自尊神圣不可侵犯。在三个不同时代的三种不同教育下，自尊是怎样的状态呢？我们一起来看看。

在生存时代，人们普遍关注的是物质生命的满足，是一家人一日三餐能吃饱，是天冷了有暖和的衣物穿。那时人的精神生命相对被忽视，个人的内心感受不被重视。个体的自尊，是在维护社会阶层平等的社会运动中得到体现的。比如促进妇女解放，提倡男女平等，就是国家在国家层面体现了对每一个公民自尊的保障。但是，在求生存的教育中，暴力惩戒和痛苦教育成为父母管教孩子的常用方法，孩子的自尊得不到应有的重视。

在快乐时代，人们开始意识到精神生命的重要性，开始关注精神生命的需要，但在具体的行为上，却受到生存时代的显著影响。一方面，社会宣扬个人自由，追求张扬个性，释放被压抑的情绪；另一方面，人们却又陷入物质生命的娱乐刺激的泥淖中，不可自拔。个体的自尊，在物质和精神之间挣扎、彷徨、迷失。在求快乐的教育中，爸爸妈妈“一个唱黑脸，一个唱白脸”，打骂、训斥和宠溺、纵容同时存在，久而久之，教育的效果被削减，孩子的价值观形成走向紊乱，孩子的自尊得不到正确的培养。

国家统计局新闻发言人毛盛勇表示：2017年中国城乡居民的恩格尔系数是29.3%，已达到发达国家水平。另外据最新统计，2019年中国内地电影票房收入为642.66亿元（2010年为101.72亿元，2000年为8.6亿元），其中国产片份额达64.07%。与生存时代和快乐时代相比，在幸福时代中人们的消费选择、消费观念、消费方式都发生了翻天覆地的变化。

在幸福时代，精神生命的需要被提到前所未有的高度。不过，现在还有许多父母和老师还停留在生存时代和快乐时代的思维观念里，还在用生存时代和快乐时代的方法来“教育”孩子，打骂、溺爱、比较、唠叨等过时的、错误的教育方式仍然常见。这种时代错位的教育方式让孩子倍加痛苦，“问题”层出不穷，一些成绩优异的学生也走上了错误的道路。

2016年2月14日，警方在福州一所中学教职工宿舍楼，发现已经去世大半年的谢某，而作案嫌疑人竟然是她的亲生儿子吴谢宇。2019年4月21日，吴谢宇在重庆被警方逮捕。

2017年11月12日，湖南沅江市某中学高三重点班的班主任鲍老师，在办公室里被自己16岁的学生罗某刺杀身亡。罗某曾是班级第一、年级前十的优等生，却因为鲍老师对他的严格要求而将其残忍杀害。

2018年6月4日晚，山东省淄博市某中学初三学生秦某将同班同学马某杀害。秦某杀人的原因竟是马某考试分数比他高。马某家属称秦某曾威胁马某不许考得比他好。

教育是影响孩子一生的事情。如果孩子的价值观没有得到正确引导，孩子的自尊没有得到充分呵护，即使孩子的学习成绩一直优秀，他的行为都有可能出现偏差，最后伤人伤己。

活对时代活对爱，爱要随着时代的发展做出相应的调整，否则只能活错时代活错爱，让母爱变成了“母害”，让父爱变成了“负爱”。

三、缺点的背后藏着脆弱的自尊

在30多年的教育与培训生涯中，我发现无论是知识教育、能力教育还是动力教育，无论是为生存、为快乐还是为幸福的教育，都绕不开一个因素，那就是缺点。正是对缺点的持续关注和思考，让我发现了自尊的藏身之处。

我们在本书第三章第二节已经讨论过缺点，知道缺点是价值判断的结果，每个人都有缺点，而且不同年龄阶段会有各种各样的缺点。当孩子有缺点的时候，我们可以去提醒他、影响他、批评他，但是这一切的前提是我们要守住自尊这条底线。因为自尊是精神生命的底线，是教育的前提。自尊受到伤害，就越过了精神生命的底线，容易激化矛盾，进而可能导致悲剧的发生。

自尊是孩子的精神生命对物质生命自我存在、自我尊重、自我认可的底线和起点。在孩子的物质生命中出现的缺点，是对孩子精神生命的冲击和考验，这种冲击和考验慢慢稳定

图21 教育方向图

下来，就变成了孩子的自尊。如果把这种冲击和考验比喻为海浪，那么自尊就相当于保护精神生命安全感、自尊感和价值感的防波堤。这是从宏观的角度来理解缺点和自尊的关系。

从微观的角度，我常常把缺点比作伤口。就好比一个孩子摔破了膝盖，破了点皮，流了点血，孩子疼得直掉眼泪，我们发现了这个伤口，却开始打骂孩子、指责孩子，结果小伤口变成大伤口，孩子哭得更伤心了。等到伤口刚刚好了些，结了一点痂，我们又把这点痂撕开，又开始打骂、指责孩子。就这样，伤口一直没好，还红肿化脓了。甚至有些父母还会在伤口上撒一把盐，孩子疼得哇哇大叫，恨死了爸爸妈妈。

这样日积月累，伤口越来越严重，孩子的腿都一瘸一拐了，最后不得不送医院救治。小伤变大伤，一开始的小缺点最后变成大伤痛。

缺点就是孩子精神生命自尊的伤口。当我们指责、呵斥孩子的缺点的时候，有可能就伤害了缺点里面藏着的孩子脆弱的自尊。

欧爸动能·22天奇迹陪伴系统

第10天爱的练习

1. 从家庭和教育的角度分享现代中国社会发展经历的三个时代及其特点。

2. 统计上个月的家庭支出，算出恩格尔系数。

3. 父母向孩子分享至少三个关于孩子3岁以前的成长故事。

第二节　没有缺点，只有缺爱

一、长期缺爱的三个负面后果

自尊藏在缺点背后，父母错误地对待孩子的缺点，将会伤害孩子的自尊。在本书第一章第二节关于自尊感的论述中，我们知道了自尊是精神生命的底线。自尊经常受到伤害，精神生命就会向负面的方向发展。自尊受到伤害会产生三种恶果——厌学习、厌父母、厌自己。

我们已经懂得了孩子的自信需要动力和能力的系统支撑，我们已经懂得了时代的变化会全面影响教育，我们已经懂得了在幸福时代里精神生命的重要性和紧迫性。现在，让我们继续深入学习爱的智慧吧。

家庭教育是一个长期陪伴、支持、影响和濡化的过程。三种恶果不是突然形成的，它是孩子的精神生命长期缺爱和自尊受到伤害的结果，这个结果还会导致孩子出现三种极端表面。让我们一起回到家庭情境里，回到亲子日常的行为互动中，看看这三种极端表现。

（一）本能地逆反

自古以来，亲子之间的逆反心理是客观存在的。它是由于父母和孩子之间的生命经验、生活经验和个体当下的感知等的差异所产生的。当孩子和父母的关系在某些方面形成双方不可调和的矛盾时，就会出现本能的逆反心理。这里我在“逆反”前面加了“本能地”，在此处强调不经思考、习惯性地做出某种反应。

四年级的小费最近很烦他的妈妈，因为他觉得自己已经长大了，而妈妈还是像以前那样唠叨。比如，下午放学刚回家，妈妈的唠叨就来了——“宝贝，今天在学校有没有发生不开心的事情？同学有没有欺负你？老师今天讲了什么呀？做笔记了没有？学校今天的午餐是什么？晚餐有没有特别想吃的？妈妈给你做……不要开电视，先去做作业……你不要以为妈妈喜欢唠叨，妈妈都是为了你好，你要少看电视多学习……”小费听不下去了，“砰”的一声关上房门躲进了自己的房间。妈妈一时语塞，愣了几秒，摇头叹气地走向厨房。

妈妈无微不至的关心，变成了让小费很不耐烦的唠叨。小费已经是四年级的学生了，他的精神生命也成长了，他认为自己不再是那个时刻需要妈妈关心、呵护的“宝贝”了。妈妈并没有具体抱怨或指责小费的哪个缺点，但是她这种不合时宜的过分关心刺激着小费的自尊。长此以往，只要妈妈一开始“关心”，小费就会立马反应——妈妈又在唠叨了！小费对妈妈的这种“关心”慢慢形成了本能的逆反心理。

（二）全然地拒绝

当孩子长期缺爱，自尊得不到及时、有效的呵护时，或者父母做的某件事严重伤害了孩子的自尊时，孩子就可能出现第二种行为表现——全然地拒绝。父母要他做的事，即使是正确的，即使对他是百分之百有利无弊的，他也会全然拒绝。

在这种情况下，孩子已经不是就某件事，或者某些方面从心里逆反父母，而是把自己的自尊紧紧包裹住，堵住了父母向他表达爱意的通道。这说明亲子关系已经出现隔阂，孩子不再像以前那样信任父母，开始对父母产生“敌意”。

甜甜最近一段时间经常反锁房门，一个人在房间里待着，爸爸妈妈都很担心，不知道为什么会这样。直到上个周末，妈妈在甜甜的日记本里看到：“妈妈又动了我的抽屉，真可恶，凭什么趁我不在家的时候翻我的东西，真想离开这个家……”妈妈这才觉察自己的行为可能真的伤害了女儿的自尊。

在上述案例中，妈妈没有经过甜甜同意，翻看甜甜的抽

图22　自尊之门

屉，让甜甜觉得自己的隐私被侵犯，没有了安全感。甜甜没有证据说妈妈翻了她的抽屉，或者说甜甜没有足够的勇气跟妈妈面对面表达自己的隐私界限，所以她用把自己反锁在房间里的方式来表示抗议，全然地拒绝和爸爸妈妈沟通。

（三）彻底地否定

如果父母持续地用负面的、高压的、不平等的方式来对待孩子，就会迫使孩子做出更加严重的反应——彻底地否定。

孩子会彻底地否定一切。他会否定以前你给他的所有的爱，他会否定学习和考试的意义，他会否定你是他爸，否定你是他妈，否定他的老师，否定他的校长，否定他身边的一切事物，甚至否定他自己的物质生命。

这时候，孩子的自尊已经被严重打压，孩子的精神生命遭受着煎熬，他的精神生命和物质生命产生了难以修复的裂痕。这时候，如果父母再对他的缺点加以指责，他要么是毫无反应，要么是极端反应。这时候任何的一点点负面打击，都有可能成为压垮他的“最后一根稻草”。

据警方通报，2020年1月2日21时许，西安市某中学校内发生一起刑事案件，致该校女教师周某受重伤，经送医院抢救无效死亡。经警方初步侦查，嫌疑人为该校在校学生李某。

据媒体报道，该校高三男生李某因晚自习玩手机，被值班老师金某发现并予以没收，之后李某两次去金某办公室要手机，因金某不在，返回教室。李某第三次进办公室后，学生们听到呼救声，后发现与金某同一办公室的55岁女教师周某倒在办公室门口，地上有大量血迹，周某随即被送往附近医院，经抢救无效后死亡。监控显示，事发后李某从校门翻出逃离。

2020年的元旦刚过，我们就被这样的校园悲剧震惊了。一部手机，变成了一起恶性杀师案件的关键。这个正在读高三的男生李某，再过半年就要迎来高考，现在发生了这样的事情，他的人生将走向完全不同的道路。关于案件的真相我们还不清楚，或许手机被老师没收刺激了李某脆弱的自尊心，但最后他却采取了非理性的极端方式处理问题。

原来，孩子长期缺爱，孩子的自尊长期受到伤害，最后不仅会发展成孩子厌学习、厌父母、厌自己三种恶果，还会让孩子出现三种极端表现——本能地逆反、全然地拒绝、彻底地否定。

所以，各位亲爱的爸爸妈妈，亲爱的老师、校长，如果我们不懂得呵护孩子的自尊，如果我们继续错误地对待孩子的缺点，那么我们的孩子其实每天在家里、在课堂上，都处于警戒或敌对的状态。孩子在这样的状态下，还怎么可能安心学习，并按时完成作业呢？还怎么可能处理好跟老师的关系，并团结友爱同学呢？

二、对待缺点的三种正面态度

在正确认识了缺点和自尊的关系之后，从呵护孩子的自尊这个角度出发，我们必须改变对待孩子缺点的态度。我们必须摒弃唠叨、比较、打骂、讽刺、怀疑、抱怨、溺爱、忽略等错误的所谓爱的方式。我们必须学会三种正确对待孩子缺点的态度。

（一）心疼

孩子有了缺点，就相当于他的生命有了“伤口”，孩子肯定或多或少有些“疼痛”。我们以前为了改正孩子的缺点，急切地揪住缺点不放，基本上不顾孩子的“疼痛”。然而事实上这个时候我们最需要做的不是改正缺点，而是要让孩子的安全感得到保障，让他的自尊得到呵护，让他的价值感不被破坏。

为此，我们需要从情感和心理的角度去心疼孩子。这种心疼并不意味着我们要放任缺点，而是要在第一时间先爱护好孩子的物质生命和精神生命。

心疼孩子，因为我们曾经也都是孩子，我们也是在各种缺点、错误甚至失败中成长起来的。这种心疼应该是真诚的，是发自内心的。

心疼孩子，因为我们都是平等的生命个体，只有我们对孩子的“疼痛”感同身受了，我们才能在心里找到爱的能量去帮助孩子，孩子才能对我们产生充分的信任。

心疼孩子，因为我们只有在和孩子同频共振时，才能找到当下孩子最迫切的需要，才能找到纠正缺点的最优办法。

（二）抚慰

年龄越大的孩子，越不会直白地表达自己的“疼痛”感受。这就要求我们做父母的，在心疼的基础上，用我们的爱去影响孩子，给被缺点困扰的孩子带去正能量，给他增加动力，鼓励他调用自身的能力去纠正缺点。这样，孩子就会慢慢走出“疼痛”，走出缺点，而不是被“疼痛”裹住，陷在缺点的泥潭里自暴自弃。

我说过，每一个缺点的出现，是爱孩子的最佳机会，也是教育的最佳机会。我们因为心疼孩子，所以陪同孩子感受“疼痛”。认识缺点，抚慰并支持孩子改正缺点，这个过程不正是充满着爱和教育的智慧么？

1988年，我在株洲市第一中学任教。有一天我发现一个孩子把一副带有性感图片的扑克牌带进学校，给同学定价5分钱看一张，还发展了几个要好的同学一起传播、收钱。在我发现时他已经收了60多块钱了。这是严重违反校纪校规的事情，当时我还年轻，不知道该怎么处理，只好报告校长，校长说必须严肃处理，让我通知他的父母来学校。

很快，孩子的妈妈就到了学校，孩子一看到妈妈，他的身体就发抖，不久之后怒气冲冲的爸爸也到了，他的身体抖得更厉害了。原来他从小被父母打。我想起自己小时候被父亲打的经历，便开始心疼这个孩子。我对孩子的爸爸说：“老哥，你不能这样对待孩子，毕竟你的孩子还是有优点的。”孩子的爸爸很疑惑：“他还有优点？”

我转头对孩子说：“你以后一定是一个经商的天才。第一，在其他同学还不知道什么是赚钱时，你就知道如何抢占市场，如何管理团队；第二，你用同学关系扩大经营范围，你以后肯定是一个能够整合很多资源的人。但有两点你没考虑到：第一，你的生意只针对部分男同学，失去了一大半的消费客户；第二，也是最重要的一点，你的产品必须符合国家的法律法规，所以这种非法的行为以后不能再做。老师相信你将来一定可以成功，老师等着你的好消息。”

孩子听我说完，颤抖的身体慢慢平静下来了。后来他的爸爸妈妈给他办理了转学手续，我就再也没见过这个孩子了。直到2004年在深圳的一次讲座上，我遇到了他，他已经成了房地产开发商。他告诉我说：“转学后就是您的那句‘你以后一定是一个经商的天才’一直激励着我，让我有了今天，真是一句话影响了我一辈子。”

现在每次讲到这个案例，我都会想如果那天我没有心疼这个孩子，没有对他说那样一番话，没有抚慰他，任由他的爸爸妈妈打他、骂他，那么事情的走向会不会不一样？他的人生会不会是另一个样子？

优点不说不得了，缺点少说慢慢少。心疼和抚慰是我们对待孩子缺点的其中两个态度。心疼，让父母接受有缺点的孩子，让孩子愿意接受父母的帮助；抚慰，则是让孩子和父母之间达到彼此喜欢、崇拜、感恩的动力级别。

（三）包容

许多时候，孩子的缺点是不需要父母花特别大的力气去纠正的，即使我们已经预见孩子的缺点会给他自己或别人带来负面后果，我们也不能硬生生地直接改掉孩子的缺点。“欧爸动能”推崇这样的价值观：孩子不是被改变的，而是被影响的；缺点不是被解决的，而是被化解的。

我们要修炼一种包容的心态和思想格局，让孩子的缺点在我们的包容中被影响、被化解。我们常说，“心小了事就大了，心大了事就小了”。在教育孩子方面也一样，如果做父母的心胸狭隘、斤斤计较、喜欢挑刺，再好的孩子在他眼里都是浑身毛病。只有父母用自己丰富的经验和宽广的胸怀，在更大的视野与格局中，和善而坚定地面对孩子的缺点，才能包容孩子。

这种包容，有时候需要父母承担一定的物质损失，有时候会让父母的情绪变得糟糕，有时候会不被他人理解，但只要是对孩子和他人无害的，对维护孩子精神生命的自尊、建立自信有帮助的，我们都应该以最大的智慧和热情包容孩子。

三、缺点只是缺爱

人比他的缺点更重要，精神生命比缺点更重要，自尊比缺点更重要，我们千万不要为了“攻击”孩子的缺点而把孩子的自尊，把孩子的精神生命，甚至把孩子这个人也“攻击”了。为此，我们需要防止孩子对我们产生本能地逆反、全然地拒绝、彻底地否定，我们要用心疼、抚慰和包容的态度正确对待孩子的缺点。

其实，当孩子有缺点（包括短处、难处、病痛等）的时候，正是父母爱他的最佳时机，是我们心疼他、抚慰他、包容他和帮助他的最佳时机。我们决不可做火上浇油、落井下石的人，决不可做孩子的“阻能鬼人”（“动能贵人”的反面），让孩子害怕、抗拒和逃离。我们要做锦上添花、雪中送炭的人，要做孩子的“动能贵人”，让孩子达到接受、喜欢、崇拜、感恩、信仰五个动能级别。

我们要爱孩子的缺点，必须做到转变观念，要“倒过来”建立十种观念，建立十个正确的价值观。

（一）没有缺点，只有自尊

自尊之爱是平等之爱。当你面对孩子缺点的时候，你一定要小心，因为缺点背后藏着孩子脆弱的自尊。在爱的需求中排在最前面的就是自尊之爱，自尊面前人人平等，所以自尊之爱也是平等之爱。

（二）没有缺点，只有起点

起点之爱是鼓励之爱。孩子的缺点不是缺点，它是孩子精神生命的起点，因为每个孩子都是从自尊慢慢走向自信的。请问当你的孩子站在起点的时候，他最需要的是什么？是你的支持，是你的鼓励。

（三）没有缺点，只有底线

底线之爱是保密之爱。孩子的缺点，不是被我们用来挑剔、用来抱怨、用来打击的，更不是被我们用来到处去“宣传”的。因为孩子的缺点是需要我们为他保密的底线。如果周边所有的人都知道孩子的缺点，都在说孩子的缺点，给孩子痛苦，给孩子压力，这就形成了一个“阻能系统”，阻止孩子能力的培养和发挥。身边的每一个人都像一根绳子，在捆着孩子，最后把孩子紧紧地捆住，导致孩子寸步难行。

（四）没有缺点，只有优点

优点之爱是欣赏之爱。永远不要忘记，缺点的对立面一定是优点，我们要“倒过来”，做从缺点的对立面去欣赏优点的人，这一点是我在课堂上一直重点强调的。

（五）没有缺点，只有花苞

花苞之爱是保护之爱。有缺点的孩子，其实和其他孩子一样，都是一个个可爱的、正在长大的花苞，他们正在养精蓄锐，他们含苞待放，他们将来定会绽放出独一无二的花朵。只不过这时的花苞太脆弱了，还需要特别的保护。所以花苞之爱是保护之爱。

（六）没有缺点，只有特点

特点之爱是推崇之爱。孩子的缺点，换一个角度来看，其实正是他的特点，这个特点让别人能够迅速记住他、关注他、帮助他，这个特点也让他有了努力和成长的机会，说不定哪一天这个特点就会成为他独一无二的品牌特征。好的品牌需要推崇，所以特点之爱是推崇之爱。

（七）没有缺点，只有存在

存在之爱是尊重之爱。每个孩子都有缺点，如果一个孩子有先天缺陷，或者某个缺点在短期内难以被改变、消除，那么从辩证唯物主义的角度去看，我们必须承认和接受，那就是孩子的缺点，它确确实实、真真切切地存在。所以我们首先要做到尊重他的缺点。

此外，还有不少孩子故意把成绩考差一点，或者摔坏一件东西，或者在外面做一件坏事，其实他是刻意用这种负面行为、这种缺点，来强调自己的存在感，他是要用这种存在感来吸引身边的人关注自己。

（八）没有缺点，只有不同

不同之爱是理解之爱。当孩子有缺点的时候，如果你是孩子的父母，如果你是动能父母导师，你要做得跟别人不一样，比别人高明一点，你不要把它当缺点，那只是孩子的一个不同之处而已。你的孩子有了缺点，也就是说明，他只是在这一点上跟别人有差异、有个性、有不同而已。所以没有缺点，只有不同。这种不同需要被理解，而不是被排斥、打压、否定，所以不同之爱也是理解之爱。

（九）没有缺点，只有信仰

信仰之爱是包容之爱。我们的孩子在学说话、学走路的时候，他还不懂爱是什么，他也没有什么能力，但是我们有一个共同的目标，就是帮助孩子学会走路、学会说话。更重要的是，我们每一个人都爱孩子，在教孩子走路、说话时，我们对孩子的爱到了信仰的动力级别，我们对孩子能学会说话和走路这件事深信不疑。最后我们调动身体和身边的资源陪伴、支持孩子，我们为孩子学说话、学走路构建了一个动能系统，正是这个动能系统帮助孩子学会了说话、学会了走路。

图23　为孩子的精神生命补充爱

但是在孩子学说话、学走路的过程中，他会犯很多错误，说话含糊不清、走路不断摔倒……但是我们始终如一地相信他、包容他，给他信仰之爱。信仰心态，方能等待；信仰心态，方能包容；信仰心态，幸福花开。所以信仰之爱是包容之爱。

（十）没有缺点，只有缺爱

这一点是对前面九个价值观的统合，九九归一，大家只需记住一句话：不要用伤害孩子物质生命缺点的方式，来伤害孩子精神生命的自尊。

当孩子出现缺点的时候，和其他家人、同事、朋友出现缺点的时候一样，首先想想他是不是缺爱了。然后，我们想想是不是可以在平等、鼓励、保密、欣赏、保护、推崇、尊重、理解、包容中挑选几种合适的方式，来正确对待他的缺点，给他的精神生命补充一些爱，让他能够找到一些动力，调动他物质生命的能力，使他自觉地调整自己。

欧爸动能·22天奇迹陪伴系统

第11天爱的练习

1. 家人互相说出彼此缺爱时的行为表现，以及家人缺爱时自己应当怎样做。

2. 回答：为什么人比缺点更重要？

3. 背诵关于正确认识缺点的十个价值观。

第三节　活对时代活对爱

一、爱要“123，倒过来”

我在全国各地给父母和孩子讲学时，一直在讲一句话：“活对时代活对爱，爱要‘123，倒过来’。”为什么要“倒过来”？原因有三点：

第一个原因，是时代要求我们必须倒过来。在过去的时代，家长教育孩子是“缺点不说不得了”，是“严师出高徒”。当时的家长是用负面的行为给孩子带去外在的痛苦，借此拓宽孩子内在的胸怀，培养孩子吃苦耐劳的品质。但是如今，我们已经处在追求精神生命的时代，在这个时代里，我们不能再像原来那样负面地对待孩子；在这个时代里，孩子追求精神生命的成长；在这个时代里，我们必须“倒过来”，要变成“优点不说不得了，缺点少说慢慢少”。要适当给孩子动力，当孩子有了动力，他才会变得越来越好，这是跟以前完全不同的地方。

第二个原因，是以前我们只爱孩子的优点，但今天我们必须学会爱孩子的缺点。优点体现的是智商，体现的是物质生命。缺点体现的是情商，体现的是精神生命。新时代精神生命的起点叫自尊。自尊藏在哪里？藏在缺点背后。所以在今天这个时代，我们必须要“倒过来”，在爱孩子优点的同时也爱孩子的缺点。

第三个原因，是我们要构建“家庭动能幸福系统”帮助孩子早日从自尊走向自信，而不是让他走向自卑和自抑等负面状态。正面行为和负面行为对孩子的自信成长都有影响，其中负面行为在孩子的心里对自信的“取款”速度，是正面行为在孩子的心里对自信的“存款”速度的1000倍以上。所以有句话是“好事不出门，坏事传千里”。因为这一点，我们必须尽量规避负面影响。哪怕是一丝负面影响，都应该要将其“倒过来”变成正面，因为正面才是对自信的“存款”，而负面是对自信的“取款”。

“123，倒过来”这是一句最简单的“欧爸动能暗号”，每当有人说“123”，所有人就要回应“倒过来”。

“倒过来”是我倡导的一种爱的思维方式，更是一种包容的、幸福的教育观念。我们不能用极端、片面的方式去看待万事万物，所以孩子有缺点的时候我们不能一味地指责、批评、打骂，而应该“倒过来”从缺点对面找到孩子的优点。

“倒过来”的全称是“倒过来爱的动能教育智慧和动能贵人文化”。它是一项接受了百万父母、孩子和老师的检验，能够帮助他们共同成长，一同构建“家庭动能幸福系统”的“欧爸动能”教研成果。为了帮助更多的人快速理解并培养“倒过来”爱的思维，我独创了一套“倒过来”爱的手势。

图24 “倒过来”爱的手势图解

第一步“倒”：双手握拳向前推出小指，同时说“倒”字。小指代表缺点、挫折等一切消极、痛苦和人们不愿看到或不希望发生的负面事物，象征着阴暗、自卑、失败和悲伤。

第二步“过”：双手握拳收回，同时说“过”字。拳头表示对缺点等负面事物的包容，代表优点和长处的“花苞”，象征着底气、决心和力量。

第三步“来”：双手向前推出大拇指，同时说“来”字。大拇指代表优点、长处、潜力等一切积极、快乐和人们愿意看到或希望发生的正面事物，象征着阳光、自信、成功和喜悦。

这套“倒过来”爱的手势通过外在的动作带动内在的心态，经过反复地学习、练习和修习，能够实现简单地重复并深刻地植入“倒过来”爱的理念。

“123，倒过来”给我们的启发是，幸福不是向外求得的，幸福源自我们的心，源自我们正确的、积极向上的价值观、人生观和世界观。用正面、积极、阳光、快乐、幸福的心态对待世界，世界也会给你满满的爱的能量。“少年演讲家66条价值观”中的第55条是这样总结的：“倒过来，就明白；倒过来，黑见白；倒过来，找回来；倒过来，好未来。”

二、爱的11个动能级别

一次完整的爱的沟通有四个步骤：感受爱，传递爱，接受爱，回馈爱。这四个步骤缺了任何一个，爱的沟通都将受到阻碍。“倒过来”的爱从自身感受和对方感受出发，在适当的频道传递爱和接受爱，最后让对方有动力和能力回馈爱，所以“倒过来”的爱才是能够在对方心中生长的爱。

我在第一章第二节里提到把精神生命划分为11个动能级别：自信、自恩、自拜、自喜、自受、自尊、自卑、自抑、自闭、自残、自杀。这11个动能级别，也就是11个爱的级别，它是少年演讲家“新三好”和“五爱”的综合体现和细分标准。

教在脑袋，育在心灵，教育贵在育心和育行。教育不是为了显示教育者有多厉害，而是通过教育者爱的付出，让被教育者达到接受、喜欢、崇拜、感恩、信仰5个动力级别，把知识转化为动力和能力，做到通脑、通心、通行后，才能通爱，最终达到自尊、自受、自喜、自拜、自恩、自信这6个动能级别。

这11个动能级别，代表着不同的动能水平，也代表着不同的爱的状态：

1. 自信——我能行！指对自身力量的确信，深信自己一定能做成某件事，并能够全心全意、全力以赴去实现自己的目标。

2. 自恩——我感恩！指对某些支持和帮助心怀感激，并能转化为自身力量去回报。

3. 自拜——我崇拜！指对某些人或事物具有高度的尊敬、钦佩和信任，或者热切地追求特定对象或特定品质。

4. 自喜——我喜欢！指内心真诚地喜爱或欣赏，并倾向于正面沟通和积极行动。

5. 自受——我接受！指真实地感受到了，并在内心予以认可。

6. 自尊——我尊重！指能够享受到安全感，并平等地和对方相处。

7. 自卑——我不行！指习惯性地怀疑自身力量，觉得自己不如别人，不确信自己能做成某件事，无法做到全心全意、全力以赴。

8. 自抑——我逃避！指刻意逃避、不敢面对，开始否定自己。

9. 自闭——我拒绝！指拒绝沟通、陷入孤独，开始失去对自身的控制能力。

10. 自残——我伤害！指有意识地伤害自己。

11. 自杀——我灭亡！指有意识地杀害自己。

这11个动能级别，以自尊为界，朝正面发展将依次达到自受、自喜、自拜、自恩、自信，朝负面发展将依次出现自卑、自抑、自闭、自残、自杀。

这11个动能级别，代表着生命个体的11种状态。当然，同一个人在不同地点、不同时间和不同关系中，呈现的状态会有差异，但是在相似情境中将出现比较稳定的状态。因此，我们可以从整体入手，对“家庭动能幸福系统”中的每一个成员和每一段关系进行动能级别的“家庭诊断”和“陪伴支持”。

孔子说：“知之者不如好之者，好之者不如乐之者。”我想再加上两句：“乐之者不如恩之者，恩之者不如信之者。”因为只有感恩和信仰，才能让人长久地、笃定地坚持下去，不因外界其他因素的影响而轻易改变。心中有自信的孩子就像太阳，走到哪里哪里亮，照亮自己也照亮别人。

综合以上论述，我们发现只有活对了时代，活对了爱的动能级别，我们才能真正构建“家庭动能幸福系统”，我们才能真正达到感恩和信仰动力级别，自信和幸福才会离我们越来越近。

三、不做老师做导师，不做家长做“笑长”

各位亲爱的爸爸妈妈，你们意识到了吗？一个全新的时代来了：这是一个精神生命追求自信和幸福的时代；这是一个补爱、补动能比补学科更重要的时代；这是一个孩子的精神生命需要爸爸妈妈心疼、抚慰和包容的时代。在这个时代，我们都需要做到“123，倒过来”；在这个时代，我们都需要做到活对时代活对爱；在这个时代，我们都需要构建“家庭动能幸福系统”，找到我们的感恩和信仰。

前面我提到“欧爸动能”团队培养了一批专职和兼职的父母导师，他们带着动能价值观和爱的正能量走进千家万户，帮助父母和孩子提升动能级别，构建“家庭动能幸福系统”。其实，最好的父母导师不是别人，正是孩子的爸爸妈妈，也就是你自己呀！

你是最熟悉你孩子的人，你是陪伴孩子时间最长的人，你是在孩子心中留下爱的“存款”机会最多的人。最重要的是，你是孩子最渴望、最期待陪伴支持他的人。

以前，我们或许因为不懂爱、不会爱，爱错了角色。我们在家里做“老师”，帮助学校的老师监管孩子，给孩子施加学习压力。可是在孩子心里，他们把我们当作他的父母，而不是老师，他们希望我们理解他、支持他、帮助他、包容他、爱他，即使他学习成绩不好，即使他有这样那样的缺点，他还是想好好做我们的孩子。

为此，我倡导大家“不做老师做导师”，我们不做学校老师在家里的代表，我们要做孩子物质生命和精神生命的父母导师。我们不应该只是关心孩子每天学了多少知识，考了多少分，我们最应该关心的是孩子每天接收了多少爱的能量，他在提升自己的动能级别方面获得了多少成长、改变和突破。

以前，我们或许因为不懂爱、不会爱，爱错了时代方式。我们在家里做家长，强迫孩子遵守规矩，甚至用唠叨、打骂等

图25　做“不抱怨”的父母

生存时代和快乐时代的错误的教育方式伤害孩子。可是我们的孩子正活在幸福时代，他们追求的是精神生命的安全感、自尊感和价值感，他们希望我们能够平等地、真实地、包容地和他们相处，而不是整天自以为是、盛气凌人、摆家长的架子。

为此，我还倡导大家“不做家长做‘笑长’”，我们不做高高在上、控制孩子的家长，我们要做在家里带头微笑的长辈。我们不应该只是关注孩子今天犯了几次错，摔坏了什么东西，我们最应该关注的是孩子今天开不开心，以及明天和以后能不能因为今天的努力继续开心下去。

活对时代活对爱，爱要“123，倒过来”！

让爱回家，让孩子的精神生命有个家！

让爱回家，让孩子心中有爸妈！

欧爸动能·22天奇迹陪伴系统

第12天爱的练习

1. 学会“倒过来”爱的手势。

2. 说出爱的11个动能级别，并列出自己在哪些方面达到了自恩和自信。

3. 在家中设置一面或多面“笑脸镜”“笑脸墙”。

Chapter Five

第五章

构建“家庭动能幸福系统”

经过前面的学习，我们已经充分认识到构建“家庭动能幸福系统”的重要性和必要性，那么如何构建“家庭动能幸福系统”呢？有什么具体措施呢？有哪些需要注意的地方呢？谁能帮助我们呢？

本章我们将集中讨论上述问题，从统一思想、统一目标、统一行为三个方面，深入分享构建“家庭动能幸福系统”的注意事项。

第一节　培养新时代的自信孩子

一、自信的孩子是“人财”

随着科技的快速发展，社会分工更加细化，社会变革更加频繁，社会对新时代的教育也提出了新的要求。

在我看来，“人才”这个词有些过时了。“才”代表某一方面的才能，还有另一层意思是“刚刚，一会儿”。这种“才”虽然有些用处，但是不够全面、不够持久。国家更加需要的是“人材”，是可造之材、栋梁之材，这种“人材”能够根据社会需要作出调整，不断学习和适应新的社会环境，在自己的劳动岗位上为社会大众作出贡献。“人才”源自知识的积累和技能的熟练，“人材”则需要分工合作和效能管理。

还有一种人，他们是充分自信并具有演讲、领导和策划等能力的“人财”。我们认为，有知识缺动能的人是“人才”，有能力缺动力的人是“人材”，既有动力又有能力的人是“人财”。

我们构建“家庭动能幸福系统”，首先要做到统一目标，明确我们想要培养什么样的孩子，或者说我们想要把孩子培养成什么样。

在幸福时代，我们要培养的不是只会考高分的孩子，把孩子变成学习机器；我们要培养的不是只会埋头工作的孩子，把孩子变成工作狂人；我们要培养的是能做到“新三好”和“五爱”的自信孩子——“人财”。

我培养的少年演讲家——“人财”，他们需要从小建立正确的价值观、财富观、消费观和投资观，他们需要做到“把学业当创业，把学分当股份”；“要想双手拥有，爱在心中停留”；“心中有爱，我才厉害，爱通天下”。通脑、通心、通行还不够，这只是在个人层面建立小动能系统，还必须继续达到通爱、通人、通财，才能最终构建大动能系统，实现爱通天下。

让我们一起来读一读下面这篇《财富宣言（孩子版）》吧，好好感受一下“少年演讲家”课程是如何通过动能财商训练来提升孩子自信的。

财富宣言（孩子版）

我心中有多少爱，我就能拥有多少财富！我心中有多少爱，我就能承载多少财富！

爱是财富的源泉，大爱大富，小爱小富，无爱不富！我不能创造财富，是因为此时我心中丢掉了爱，如果我心中爱的能量级别没有提升，我就没有动力去创造财富！只有不断提升我自己爱的能量级别，我才能更好地发挥爱的能力，用爱的能力完成我的目标，实现我的梦想！

我要用我的爱唤醒爸爸妈妈心中的爱，因为爸爸妈妈的爱是我最大的财富；我要用我的爱唤醒老师心中的爱，因为老师教给我的知识是我的财富；我要用我的爱唤醒每个人心中的爱，让每个人给我爱的动力和能力，因为动力和能力是我的财富！

爱财富要爱到心中有动力，爱财富要爱到行为上有能力，用心中的动力和行为上的能力去创造价值、获得认同、获得财富，从而回馈家人、帮助他人、回报社会、实现人生价值。

财富就在我的梦想里；财富就在我的目标里；财富就在我的课堂里；财富就在我社会实践的经历里；财富就在我追寻动能贵人成就自己、成为动能贵人帮助别人的过程里！

创造财富就是用我爱的动力和爱的能力去爱梦想、爱目标、爱学习、爱演讲、爱实践；创造财富就是用我爱的动力和爱的能力去爱父母、爱老师、爱同学、爱我的动能贵人；创造财富就是用我爱的动力和爱的能力去爱我身边的资源，让所有的资源发挥最大价值；创造财富就是用我爱的动力和爱的能力的付出创造价值。

财富不仅是我拥有什么，更是我能用爱的能量给予别人什么，用爱的付出创造的财富才是真正的财富！财富不仅是我曾经拥有什么，更是我的爱能承载什么，我的爱能承载多久，用爱承载的财富才是真正的财富！财富一定蕴含在我用爱创造的价值里，当我的爱能给别人带去价值的时候，也一定会给我自己带来爱的财富！财富不仅是我物质上的富有，更是爱的精神上的富有，财富能衡量我爱的动力和能力的价值！

用爱的动力和爱的能力创造财富，让财富传递更多的爱！财富不是一辈子的爱，爱却是一辈子的财富，爱通天下！

二、自信是学习+练习+修习的过程

无论是“人才”“人材”还是“人财”，都必须通过长期的学习、练习和修习，才能达到各自的目标。为此，我们有必要看清学习、练习和修习三者的关键所在，以及它们之间具体的联系。

孔子强调“学而时习之”，这里的“学”就是我们今天所说的“学习”，“习”则是指温习、复习。如果学习并经常温习所学的知识，孔子认为这会令人愉悦。

我们今天的学校教育，为了尽可能地保障教育的公平性，在很大程度上已经缺失了练习的部分。学生们每天都在学习新的知识，然后通过做习题、考试的方式来检验学习的效果。但是做作业和考试并不是真正意义上的练习，它们不能更直接、更深层次地同社会实践和日常生活发生关联，也不能充分调动学生身上的资源进行练习。

爸爸妈妈们，我们一起来看看孩子们在学校是怎样学习的吧。一位老师在讲台上讲解新的知识点，学生们一排排地坐在教室里，用耳朵听，用眼睛看，用嘴巴读，用脑袋记，用手写。一堂课后稍事休息，又是另一位老师在讲台上讲解其他的知识点，学生们继续坐在教室里听、看、读、记、写。就这样日复一日，年复一年。孩子们能坚持下来真的了不起！他们在最活泼、最好动、最有想象力的年龄，为了一个好分数，为了考个好大学，不得不在这小小的教室里端端正正地坐着，努力配合老师讲课，将一个一个的知识点填进自己小小的脑袋里。

我不是批评当今的学校教育，而是希望为人父母者能够站在孩子的角度，体会一下孩子们的感受。其实这一点也不难，因为我们以前也是这样一步步学过来的，只是当我们做了父母之后，就希望自己的孩子能够变得更加优秀，所以渐渐选择性地忽略了我们和孩子的真实感受。

那么，我们如何才能让孩子在学习的同时，更多地进行练习，以及进一步修习呢？

首先，我们必须认识到，孩子学习各种知识，不只是为了在考试时得到更高的分数，也不只是为了将来考个好大学，毕业后找份待遇丰厚的好工作。学习知识的真正目的，是要让孩子爱上知识，并让他在不断的练习和修习中，充分运用和实践这些知识，进而通过劳动造福大众，为自己、家庭和社会带来幸福。

我培养的少年演讲家们都熟悉这样一条价值观：学进去的是知识，用出来的是能力。我如此强调练习，是因为能力不是学出来，而是练出来的。学到的知识，如果没有在社会实践和日常生活中得到充分的练习，那就相当于把脑袋当麻袋，把知识储藏起来。这在互联网时代，用一台电脑就可以做到。

学以致用，经世致用……中华民族几千年来一直强调练习的重要性。知识是老师教的，如果不用可能很快就会“还”给老师。能力则不一样，一旦通过练习掌握了一项能力，就很难遗忘，即使许久不使用它，最多只会变得生疏。比如骑自行车，学会之后即使十年不骑，再次骑的时候依然能很快熟练起来。

学习贵在重复，“温故而知新”。如果一直在学新东西，光学习不重复，只学习不练习，只会学了忘，忘了又重新学，那么这样的学习就是无效重复、低效重复。

练习贵在演讲，以此来锻炼自己的综合能力。通过演讲，充分调动身上和身边的一切资源为自己叠加动能；通过演讲，为自己构建一个学习、练习和修习的动能系统。这样能够帮助自己做到越学越好、越练越会。

修习是什么？我认为修习是比学习和练习更高的一种境界。修习贵在分享，一个人的所学所练，已经在他心里生根，变成了他自然而然的一种习惯。他能够从坚持和分享这两个习惯中持续地获得快乐与幸福。

自信就在坚持“学习+练习+修习”的过程里。带着动力去学习，越学越有味。朝着能力去练习，越练越有劲。自然而然去修习，越修越有爱。

三、自信是成长+改变+突破的结果

我所提出的“动能演讲学习法”将颠覆你对学习和演讲的传统认识。它不讲究博闻强记、口若悬河，它不需要谋篇措辞、激情澎湃，它也不追求抑扬顿挫、手势动作。

“动能演讲学习法”结合讲、演、画、唱、跳、策划、游学等多种形式，用真心和真情讲故事、讲道理、讲有意义的话、讲感恩和赏识的话，将自己的所学、所思、所感用真情实意演讲出来。这种演讲，不追求高深的技巧，专注的是用“积极、阳光、正面、快乐、幸福”的心态，在学习、练习和修习的过程中，发现爱、感受爱、分享爱、传播爱，并构建和营造动能系统，支持自己与他人一起提升动力，增强能力。

通过“动能演讲学习法”，我们可以帮助孩子们获得三种进步：

（一）做以前没做过的事——成长

孩子们都愿意去尝试自己没做过的事情，满满的好奇心和丰沛的精力让他们对一切没有接触过、体验过的事情，都有着极大的兴趣。当然，我们作为教育者或监护人，必须将危险的、有害的事情排除在外，保障安全是一切教育实施的前提。

在历次的“少年演讲家”课程中，我们发现，演讲带给孩子们的第一次太多了。第一次站上讲台，第一次拿起话筒，第一次当众表达自己的真情实感，第一次和爸爸妈妈分开，第一次对爸爸妈妈敞开心扉，第一次和全国各地的同龄人、非同龄人成为兄弟姐妹……孩子们最大的成长是角色的转变，以前在学校是学生的角色，被动学习、被逼学习、痛苦学习。掌握“动能演讲学习法”后，能够“倒过来”让自己变成“小老师”，主动学习、自愿学习、快乐学习。

“欧爸动能”强调：少年演讲家，学习我当家！少年演讲家，世界我当家！学习是为自己学，学习是自己的事情，学习是为了帮助自己更好地参与社会生活。

近十余年来，每年寒暑假我都会带领数百名少年演讲家到全国各地演讲游学。我带领少年演讲家们走到哪里，哪里就是课堂，哪里就是讲台，所有的人、事、物都是教育资源。孩子们在演讲中实践自己从书本上学习的知识，锻炼自己的能力，提升自己的动力，也通过演讲感受爱、学会爱、分享爱。

“欧爸动能”认为：经历是最宝贵的人生财富，经历本身就是最好的教育。好父母不替换孩子的经历，好老师不浪费孩子的经历，教育就是要帮助孩子从经历中收获成长的动力和能力。

（二）做以前不愿做的事——改变

人似乎都有一种陋习，就是年龄越大越不想做出改变。

我总结出一句这样的话：向孩子学习三大智慧——不会我学、错了我改、委屈我忍。孩子每天都在改变，如果父母不做出相应的改变，就无法同孩子保持同频共振。如果孩子说的话父母听不懂，孩子玩的游戏父母学不会，孩子心里的想法父母猜不透，那么孩子和父母的沟通就会很困难，亲子关系就不能良好地发展。想要培养新时代自信的孩子，父母必须做出改变。

首先，父母要改变居高临下的沟通方式。父母在跟孩子说话时，不是警察抓坏蛋，也不是法官审判罪犯。绝大多数时候，父母不需要以家长的身份出现，父母只是陪伴和支持孩子自己成长、改变和突破的重要资源之一。不要代替孩子去体验、判断和选择，也不要企图控制孩子的思维、行为和人际交往，因为每个孩子都是具有精神生命自尊的个体，需要父母尊重他、平等地对待他。

其次，父母要让自己变成孩子的资源。当然，这里所说的资源更多的是指精神方面的资源。我曾提出：母爱不是母亲爱孩子，而是母亲对孩子的爱在孩子心中产生了感恩和信仰，这份感恩和信仰将成为孩子一生的成长动力，这种“母动力”才是真正的“母爱”，它是孩子一生爱自己、爱他人、爱目标、爱万事万物的源头。“别把母爱变‘母害’，别把父爱变‘负爱’”，父母一定不要做限制孩子生命成长的空间的天花板，而要成为孩子成长的资源，这样即使某一天父母离开了孩子，这些资源也能继续陪伴支持孩子成长、改变和突破。

最后，父母要构建一个“家庭动能幸福系统”。有的父母总是抱怨孩子不肯改变，认为孩子是“榆木脑袋”，怎么敲也不开窍。在孩子眼里，这样的父母或许才是真正的“榆木脑袋”。有的孩子也知道自己需要改变，甚至已经做出了一些努力去改变，却因为外界的压力和阻力太大，自身的动力和能力不足，所以改变不明显。其实，每个家庭都是一个小型的社会，整个家庭的环境和行为，都会直接对孩子产生影响。父母如果真的想让孩子有所改变，不要直接去改变孩子，而要从自身的改变做起，要从构建“家庭动能幸福系统”做起。举例来说，如果父母觉得早晚刷牙是一件可有可无的事情，并且父母有时候还会忘记刷牙，那么孩子就很难养成早晚刷牙的好习惯。如果父母能够从孩子小的时候就给他讲解早晚刷牙的好处，并让孩子从刷牙这件事中找到乐趣，那么一家人早晚刷牙就是一件充满幸福的事情了。

改变的过程，和成长一样，既有痛苦又有快乐。父母自我改变的过程，就是父母陪伴、支持孩子一起不断成长和改变的过程。

（三）做以前不敢做的事——突破

一颗鸡蛋，从外面施加压力打碎蛋壳，很可能会失去原有的生命；如果提供合适的条件让鸡蛋孵化，充满生命力量的小鸡就能由内而外破壳而出。所以我认为从外到内叫压迫，由内而外才叫突破。

我曾引用过两则故事：一则是讲南风和北风比赛，看谁能让路上的行人把外套脱掉，北风使劲地吹，风速越来越快，但猛烈的寒风让行人把外套越裹越紧；而南风把一阵阵温暖的风吹向行人，行人一开始很舒服，后来越来越热，就把外套脱了。在这场比赛中，南风给行人送去温暖而赢得了比赛。另一则是说科学家发现有一种金鱼如果养在鱼缸里，它很难长大，而在宽阔的水域中，它的生长速度就大大加快，能长到原来的几倍大。

“欧爸动能”强调：教育，就是要帮助孩子不断挑战舒适区，拓宽心胸格局，一次又一次地突破自我。孩子的成长、改变和突破，需要自由的空间。父母过度的指责就像寒冷的北风，孩子在父母的“寒风”中会把自己越裹越紧，不再敞开心扉。父母过度的保护就像鱼缸一样，孩子在父母的“鱼缸”中很难长成大鱼。

2018年2月19日下午，儿子晨特（10岁）第一次独自飞广州，儿子说今天既兴奋又害怕，兴奋的是可以见到欧爸，期待的“财信赢”课程即将开始，害怕的是第一次一个人去他乡过六七天，可能会因为太想念爸爸妈妈而流泪。

话音刚落，儿子的眼眶就湿润了，但他又给自己打气，自言自语地说：“不就六天嘛，没什么大不了的。”这些话我都听在耳里，强忍着不作声，我知道他在调整自己，这也是他在拓展着自己的舒适区。

尽管内心有些不舍，但他强忍着泪水，自己拿行李、办理登机和UM(unaccompanied minor，即无成人陪伴儿童)手续、过安检，在我们的目送中进入候机室。

身为一个男孩的妈妈，我想培养儿子的独立性及勇于担当的责任心。我属于"狠心"的妈妈，在他一年级时，让他参加一期四天三夜的夏令营，在他三年级时让他自己坐公交车来回，在他四年级时让他自己去参加考试，在他五年级时让他自己坐飞机……这些也源自他爸爸的支持和对孩子的鼓励。

有些亲朋好友说我们"心真大"，说实话，儿子独自行动时，我们心里也会忐忑，但我们始终相信儿子一定能行，通过一次次的体验，他的独立能力和"地头力"比我们想象中的要强很多。

每一次看似痛苦的体验，都是一次成长的机会。都说"人间的爱皆是为了相聚，而只有父母对孩子的爱是为了更好地分离"。

感恩儿子的独立，让我这位"懒"妈妈特省心!

——少年演讲家晨特的妈妈

这是2018年寒假"少年演讲家"高级演讲游学课程"财信赢"开课前，来自浙江温州的10岁少年演讲家黄晨特第一次独自搭乘飞机前来上课时(配套的父母课程晚几天开课)，他的妈妈写的自己送儿子乘飞机时的心理感受。

人间的爱皆是为了相聚，而只有父母对孩子的爱是为了更好地分离。我在本书第一章第一节中讲到每个人都有三次“出生”：第一次是受精卵在子宫着床；第二次是胎儿脱离子宫成为新生儿；第三次是人的自我意识、自我人格的形成与成熟的过程。

这三次“出生”蕴含了两次重要的生命交接，第一次是胎儿跟母亲肉体的分离，通过分娩完成物质生命新生的交接；第二次是孩子跟原生家庭分离，通过培养独立生存的能力，以及求学、工作、寻找配偶、组建新的家庭等方式，完成物质生命与精神生命的交接。

图26　少年演讲家和欧爸笑脸图

我把生命交接、自我突破的过程称为“开花”。当我在“少年演讲家”亲子课程中，一次又一次看到孩子们、爸爸妈妈们的生命绽放爱，获得自我成长、改变和突破的时候，我的眼前就会浮现一张张生命自信之花盛情绽放的幸福图画，这也是我作为欧爸最幸福的时刻。

最后，请记住一句话：孩子不是因为我们爱他而变得更好，而是我们变得更好了，以及整个“家庭动能幸福系统”变得更好了，他才变得更好！

欧爸动能·22天奇迹陪伴系统

第13天爱的练习

1. 朗读：孩子向父母朗读《财富宣言（孩子版）》。
2. 一家人一起策划一次节假日家庭旅行活动。
3. 父母指导孩子做一次家庭早餐并拍照分享。

第二节　修习新时代的动能真爱

一、寻找三大真爱宝藏

为什么父母的付出越来越多，孩子却越来越不幸福？为什么考试的得分越来越高，学生却越来越不幸福？为什么家里积累的财富越来越多，家人却越来越不幸福？“欧爸动能”强调：学业、事业、家业的成功，背后都基于“家庭动能幸福系统”的强大，而系统强大的关键则是真爱。如何做到真爱、真教育、真成功，关键在于我们在做一个自己幸福并给孩子带去幸福的人。

真爱是什么？真爱是尊重生命成长的改变和突破，是基于人性、教育规律和社会实践的智慧，是能够满足人们快乐、激发心灵动力、分享爱的正能量的幸福钥匙，是用心陪伴、支持孩子生命绽放的教育过程。

近年来一些高考状元的家庭情况被媒体报道，我们可以从中看到家庭和父母对孩子的显著影响：

2019年广西壮族自治区高考理科第一名杨晨煜，高考总成绩730分，其中数学、英语双满分，语文140分，理综290分。这是广西历年高考的最高分。妈妈在接受媒体采访时说：“有些人的孩子上初中和高中了，却还问我是怎么培养孩子的，我真的不知道怎么说……教育孩子一定要尽早让他养成习惯，父母自己也要自律，孩子定型以后，人生的路就很好走了。”

2018年安徽省高考文科第一名郑辰筱，高考总成绩678分。郑辰筱12岁的时候就曾在美国留学，从初中开始她的足迹已遍布美国、德国、西班牙等十多个国家。家庭经济状况固然重要，但更重要的是父母的思想高度和她的自我学习意识。

2017年北京市高考文科第一名熊轩昂，高考总成绩690分。他在采访中直言不讳地说：“现在很多高考第一名，都是因为家里有厉害又有能力的人。我父母是外交官，从小就给我营造了一种很好的家庭氛围，包括对我学习习惯、性格上的培养，这些都是潜移默化的。因为我每一步的基础都打得比较牢靠，所以最后自然就水到渠成。”班主任老师评价说，熊轩昂是那种学有余力的孩子，对自己认识非常清醒，还喜欢运动，沟通能力也特别强。

16岁荣获中央电视台《中国诗词大会（第二季）》全国总冠军的诗词才女武亦姝，2019年参加高考取得总分613分（满分660分）的好成绩，被清华大学新雅书院录取。武亦姝的父母说："天才是不存在的，任何一个优秀的孩子，都不是横空出世的。"他们从小给孩子树立榜样，不仅在家里提供大量的好书，还常常陪伴孩子一起读书。长久下来，武亦姝越来越爱看书，还跟他们一起讨论，她的语言组织能力、概括表达能力和想象力都大大提高，成绩在班上也一直名列前茅。

《礼记·中庸》说："凡事预则立，不预则废。"如果我们做父母的，在孩子很小的时候，为了让孩子安静一点，就用手机、平板电脑、电视机来替代陪伴；为了让孩子不发脾气，就对孩子有求必应；为了少跟孩子磨嘴皮子，就把培养孩子习惯的事情置之不理。表面上父母是暂时避免了眼前的麻烦和琐碎，实际上当孩子沉迷手机、动漫、网络游戏，偏爱吃零食，稍不顺心就大发脾气，甚至要挟父母、逃课厌学的时候，父母再花十倍、百倍的心血，也可能只能是事倍功半。

"有的人用童年的幸福疗愈一生，有的人用一生疗愈不幸的童年。"我们做父母的首先不要追求孩子有多么优秀，能做到让孩子有个幸福的童年，就已经不错了。"欧爸动能"认为，每个人的成长都需要三大真爱宝藏：动能贵人、动能贵事、动能贵物（能够给孩子带去动力和能力的人、事、物）。

（一）动能贵人

每个人都需要动能贵人，父母就是孩子最重要的两位动能贵人，同时父母需要帮助孩子在不同的年龄阶段寻找其他的动能贵人。

一个“贵”字，体现的是父母等人对孩子真爱的价值，以及孩子对这份真爱加倍地珍惜。

在我的学员中间，有这样一段话广为流传：“人生中最幸运的事不是中了多大的彩票，赚了多少钱，升了多大官，而是碰到了生命中的动能贵人，他们能够把我带到更高的动能级别、更高的思想境界和更大的成长平台。”

（二）动能贵事

人的一生会经历许多事，但往往只有少数几件事在我们的生命里刻下印记，它们甚至改变了我们的人生轨迹。还有一些小事，藏匿在我们日常生活的细节中，悄悄地影响着我们。我将能够给自己和他人带来动力与能力的事情、事物称作动能贵事，比如一次善举、一个微笑、一杯解渴的清水、一盏照亮夜行者脚下道路的灯。

表1　欧阳维建“动能贵人”登记表

贵人姓名	贵人称谓	贵人理由	贵人级别
欧阳维时	小学体育老师	欧阳老师用他那坚定的信任和“陪伴支持”帮助我搭上了“动能大乘法”的高速列车，从而改变了我的学习命运，也在我心里播种了一生做老师的种子，才有了后来的“动能教育”和“动能贵人”。	“动能贵人”
仇海建	表哥	表哥是改变我一生命运的贵人。	“动力贵人”
欧阳银珍	大姑妈	大姑妈是我童年梦想的播种人，让我渴望过上幸福生活！在我读中学的时候，大姑妈对我视如己出，是我一辈子要感恩的亲人。	“动力贵人”
钟秋生	校长	钟校长是我一辈子的亲人，是他教会了我怎样做一个让孩子喜欢的老师、受孩子尊敬的校长。	“动能贵人”
艾军	班主任	艾军老师对我有知遇之恩，提拔我成为84级体育系大班班长。	“能力贵人”
蒋爱清	母亲	母亲的爱是我的动力源泉，母亲是我心里深处最柔软的支撑。	“动力贵人”
欧阳东山	父亲	父亲教会我做事，也教会我做人，没有严厉的父亲就没有今天顽强的我，也没有对孩子有足够理解和包容的欧爸。	“动能贵人”
……	……	……	……

父母要学会真爱孩子，就要懂得发现、抓住或者策划动能贵事，通过动能贵事来教育孩子，会达到事半功倍的效果。因为动能贵事发生的时候，通常就是最佳的教育时机。当孩子有优点、长处、成就、快乐的时候，正是我们欣赏他、拥抱他、支持他、激励他、爱他的最佳时机；当孩子有缺点、短处、难处、病痛的时候，正是我们理解他、心疼他、包容他、帮助他、爱他的最佳时机。

来自山东泰安的少年演讲家俊皓，2019年暑假完成“少年演讲家”动能特训营的课程学习后，他的妈妈写下了这样的分享：

最初走进欧爸的父母课堂，我觉得只要我学习再努力一点，我就能影响俊皓，因为俊皓真的很不错。直到我第三次走进欧爸的课堂时，恰巧我身边的朋友发生了一件事：她的孩子辍学了。记得她当时的原话是这样的：“我现在就想，能有一个像止痛药一样的东西，让我吃下去，睡一觉，我的家庭和孩子就变好了。”

是她深深地触动了我，让我理解了欧爸那句“让问题孩子没问题，让优秀孩子更卓越”的真谛。那天晚上，我不再觉得这句话是个口号，而是许多真切案例的印证。我深深地觉得，与其等到我也像我这位朋友一样，（在辅导孩子学习方面）变得束手无策，只剩下焦虑、恐慌的话，不如现在就（和孩子）一起学习，共同进步。抱着这样的想法，我和孩子一起走进了欧爸的课堂。

回来后，我们在我们当地开设的“欧爸动能·陪伴支持课程”中继续学习，直到暑假结束。从学校开学的第一天到现在，班主任老师每天的反馈都是“俊皓这个学期怎么变得这么积极主动了啊？俊皓这个学期回答问题的声音更洪亮了。俊皓这个学期遇到问题、困难，都能自己解决，不再畏畏缩缩了……”听到老师这样的反馈，我非常欣喜，感觉自己的每个细胞、每个毛孔都是愉悦的、雀跃的。

有一次老师给俊皓布置做手抄报的任务，手抄报分三个版块，分别是名人名句、古诗词、课外读物。结果俊皓在名人名句那个版块写的全是欧爸教的少年演讲家价值观里的内容：“1. 坚持成就伟人；2. 真实是做人的第一高度；3. 重复是学习之王；4. 天才是重复次数最多的人；5. 做之前没做过的事情叫成长，做之前不愿意做的事情叫改变，做之前不敢做的事情叫突破；6. 心中有爱，人才厉害，爱通天下。”当我看到这些的时候，我开玩笑地和俊皓说：“你这哪是名人名句啊，你这是欧爸语录啊。”俊皓说：“欧爸在我心中就是名人！”

俊皓现在每天坚持在家演讲，从演讲十几秒慢慢地到停不下来一直讲，从以前害怕上台到现在坦然站在公众面前讲自己的感受、感悟。这一切都深深地打动了我，看得见的表象是俊皓更加主动积极了，敢于演讲了；看不到的真相是他真的开始自信了，心里有力量了。

有时候，改变就是这样从一次亲子课程学习和一段时间的演讲练习开始的。这位妈妈选择做孩子的动能贵人，陪伴与支持孩子做一件关于演讲的动能贵事。

我知道对于大部分的中国家庭，做出一家人一起来参加“少年演讲家”亲子课程的决定，需要克服许多困难。这种困难不仅是经济或时间方面的，更多的是观念方面的。我对每一个参加“欧爸动能”的“少年演讲家”亲子课程的家庭心怀感恩和敬佩。这些父母愿意付出行动、做出改变，陪伴支持孩子一起成长，一家人统一思想、统一目标、统一行为，构建“家庭动能幸福系统”，这已经超过了许多其他家庭的父母的思想境界。

（三）动能贵物

我把能够带给孩子成长动力和能力的物品称为“动能贵物”，把给孩子带去阻力和伤害的物品称为“阻能鬼物”。相应地，动能贵人的反面是“阻能鬼人”，动能贵事的反面是“阻能鬼事”。

这里所说的“动能贵物”，主要分为两类：一类是对孩子来说有特别教育意义或其他纪念意义的物品，另一类是日常伴随与环绕在孩子身边的物品。父母要构建“家庭动能幸福系统”，首先要进行“家庭诊断”（下一章将会重点讲解），确定并区分“动能贵物”和“阻能鬼物”，让孩子在一个安全的、舒适的、能够激励他自身动力和能力发挥的家庭环境里成长。

作为一名家庭教育的研究者和推广人，我平日里除了在书中和讲台上分享“欧爸动能”教育思想和文化之外，每年都会抽出一些时间去部分少年演讲家的家里进行家访。这个习惯要从我在株洲市第一中学任教时说起，那时我发现一个现象：孩子们下午放学时都是欢呼雀跃的，早上上学时却都愁眉苦脸的。在随后的7个月里，我几乎把所有的课余时间都花在了家访上，全年级500个孩子的家庭我差不多走了个遍。在家访中，我发现只有走进孩子家里才能走进孩子心里，只有走进孩子家里才能察觉孩子的动能系统出了什么问题，只有走进孩子家里才能更好地形成家、校教育合力。

2019年3月，我在浙江义乌讲学和家访时，针对义乌部分少年演讲家家庭的实际情况，我提出了关于家庭动能贵物的9点建议，大致如下：

1. 杂物及时清理。不用的、落灰的物品要及时清理丢弃，有舍才有得。

2. 灯光要重视。孩子最好配备专用的学习台灯，客厅的灯光要亮，要是暖色的。

3. 桌椅要适宜。随着孩子年龄的增长，要及时按照孩子的身高更换学习桌椅，并让孩子从小养成自觉收拾和清理书桌的好习惯。

4. 建立目标墙。在家里显眼的位置跟孩子一起制订一面目标墙，写上孩子的近期目标、中期目标、远期目标。

5. 全家福照片。夫妻结婚照放主卧，客厅首选摆放全家福照片，这样家庭成员随时可以看见这些照片，增进亲密关系和家庭幸福感。

6. 保证睡眠品质。床要稳，被子要盖着舒服，卧室不要放太多跟睡觉无关的东西。

7. 书房。家里要有一个书房，一进去就能让人感受到文化气息，觉得不读书都对不起这个环境。一家人要养成看书学习的好习惯。

8. 鞋柜。鞋柜要能把门口的鞋子都装进去，进门换上舒服的拖鞋，并将外面穿的鞋子随手放入鞋柜。

9. 演讲台。在客厅或书房给孩子布置一个演讲台，让孩子每天坚持演讲分享，养成习惯。

“欧爸动能”强调“为孩子请命，为心灵点灯，让中国家庭幸福起来”。“请命”请的是让孩子物质生命和精神生命自尊的命，“点灯”点的是让孩子物质生命和精神生命自信的灯。“请命”和“点灯”都必须围绕三大真爱宝藏——动能贵人、动能贵事、动能贵物来进行，否则就是空中楼阁，竹篮打水一场空。

二、提升五大真爱动力

在第四章第三节中我们知道了“倒过来”是“欧爸动能”倡导的一种爱的思维方式，更是一种包容的、幸福的教育观念，并且“倒过来”的爱有11个动能级别，其中从自尊正向出发有自受、自喜、自拜、自恩、自信五个动能级别，它们分别对应接受、喜欢、崇拜、感恩、信仰五种内心的状态和爱的动力。

在前面加个“自”字，是要突出自我这一主体的积极性和主动性。一定是要在内在的精神生命自我感受到并且认可了才叫“自受”，自我真正喜欢上了才叫“自喜”，自我心生崇拜了才叫“自拜”，自我心怀感恩了才叫“自恩”，自我坚定信仰了才叫“自信”。这和我们平时的理解不太一样，需要与心理学、教育学的概念区分开来。

在第二章第二节我们已经讨论过“动力级别论”，明白了“和谐相处即接受，真切欣赏即喜欢，突破自我即崇拜，饮水思源即感恩，笃定不移即信仰”。现在，让我们从修习“动能真爱”和构建“家庭动能幸福系统”的角度进一步讨论吧。

（一）自受——精神生命的婴儿状态

《孝经》开篇就讲“身体发肤，受之父母，不敢毁伤，孝之始也”。对自我物质生命各种感官感受的感知，是自我精神生命萌芽的标志。从物质生命的角度来看，一个人知道自己饿了要吃饭、累了要休息、困了要睡觉，知道自己能听、能看、能说、能行动、能思考，这就是他的自我感知。从精神生命的角度看，只有对自己的生命安全、健康和发展负责任的人，才是真正达到了“自受”。

物质生命的自我感知是一种本能，精神生命的自受则需要父母正确的引导和教育。有些人即使物质生命成年了，他的精神生命还停留在婴儿状态，这种人被称为“巨婴”。心理学专家武志红讲“巨婴”的特征有三：一是共生，极度依赖他人，无法独立生存，缺乏边界意识；二是全能自恋，以自我为中心，忽略他人感受，容易欺软怕硬；三是偏执分裂，喜欢控制一切，固执己见，脾气暴躁。

自受的过程是精神生命的基础状态，是物质生命刚刚开始交接到精神生命的时刻。我们每个人的精神生命，都是从自受逐步发展为自喜、自拜、自恩、自信的。

（二）自喜——精神生命的幼儿状态

人会对不同的人、事、物产生不同的感受，这时候会出现最基本的喜好、厌恶的情绪，比如糖是甜的，孩子们喜欢吃；开水是烫的，孩子们被烫过一次就会害怕。如果在这个基础上，再加以利益的取舍或者价值观的引导，这种原始的喜好就会升华为精神生命的自喜。

我喜欢，我选择；我喜欢，我追求；我喜欢，我负责。达到自喜的人，会积极主动地选择和追求自己喜欢的人、事、物。如果你的孩子发自心底地喜欢做某件事情，或者对某个同学心生爱慕，首先你一定要“倒过来”想，意识到你的孩子的精神生命已经从自受成长为自喜，光是想到这一点，我们这些做父母的就应该感到高兴，而不是急着去干预或者批评孩子。

其实，根据我多年的家庭教育培训经验，父母也需要在孩子面前展现自己喜欢的人、事、物，包括让孩子看到爸爸妈妈牵手、拥抱、亲吻或者一起做家务等。相比于扮演高高在上、掩盖缺点的家长，自然表露个人喜爱之情的父母更容易让孩子觉得亲近。

（三）自拜——精神生命的少年状态

关于崇拜，许多父母肯定会联想到孩子追星。每一代人都有自己崇拜的明星，有时候是政治明星、学术明星，有时候是体育明星、演艺明星，这都无可厚非。

大多数崇拜都是被新闻媒体推崇出来的，结果就是追星成了一种社会潮流。假如同龄群体中大家都在聊某个人，你就不得不去了解一下他的生平事迹和花边新闻，这是人际交往的需要。

我在这里重点要讲的是另外两类崇拜：第一类是孩子对动能贵人的崇拜，第二类是我们对孩子的崇拜。先说第一类，“欧爸动能”有条价值观说：“人的一生，就是追寻动能贵人成就自己，并成为动能贵人帮助他人的过程。”读万卷书不如行万里路，行万里路不如阅人无数，阅人无数不如名师指路，名师指路不如贵人相助。这里所说的名师和贵人，就是真正值得自己去崇拜的对象。

生命需要赏识，教育名家更需要社会的赏识。我们国家并不缺重大的教育成果，但是它们往往被束之高阁，有的已经沉寂几十年，逐渐被灰尘淹没；我们也不缺国宝级的名师，但是，一辈子教书育人往往就是他们的命运。而现实中，歌手、演员们大行其道，关于他们的隐私和绯闻的报道随处可见。虽然我无权反对大家纵情追“星”，也无意批评媒体热情捧“月”，但是这样的社会风尚毕竟不是青少年健康成长的最好土壤。

所以，媒体与其花大篇幅去揭隐私、炒绯闻，不如给那些教育名师留一席之地。如果我们的媒体像宣传演员、歌手那样来推广教育名师，那么，我们的教育会少走很多弯路，我们的孩子也会受益更多；如果我们所有的青少年朋友都像崇拜明星一样崇敬名师，那么，我们的孩子们的成长会更顺利，我们的社会也会更加和谐。

我呼吁：“不追明星追名师”的时代快点到来！

——节选自《不追明星追名师——我的教育名师推广梦》

这些文字是2007年我在组织创建“北京名师课博会教育联盟”后写下的，目的就是在全社会倡导“不追明星追名师”的教育新风尚。它包含两层意思：第一，“不仅追明星，更要追名师”，名师也要像明星（特指演艺明星，下同）那样，做给孩子带去快乐和成长的人，成为孩子的动能贵人；第二，优秀的明星也可以成为名师，只要他端正言行，提升涵养，不误导青少年，给社会创造正能量，而且明星在他们的专业和特长方面，以及他们奋斗和创作的过程中，也可以做孩子们心中的名师。

再来说说第二类，即我们对孩子的崇拜。每个孩子都是独一无二的，都是创造奇迹的人，因为他生命的诞生本身就是一个伟大的奇迹。孩子的学习能力、适应能力、创造能力等都值得我们去崇拜。

很多孩子小时候都渴望当老师，因为在他们眼中，老师代表的是知识和价值，老师是崇高的职业。当我们能够真正“倒过来”崇拜孩子，以孩子为师的时候，孩子给予我们的回馈，绝对会超出我们的想象。

（四）自恩——精神生命的青年状态

羊羔跪乳、饮水思源，感恩是一种普遍的心理情感。不过我要强调的自恩，更加倾向于感恩的行动，因为光有感恩的形式和心理是不够的。我们通过感恩的行动，“倒过来”让对方感受到我们回馈的爱，这样才真正达到了自恩。

前面讲到的自受、自喜、自拜，更多的是以“我”为主，为“我”服务，而从自恩开始，就要逐渐“倒过来”推己及人，充分考虑他人、他事、他物的感受了。

感恩是最容易和他人同频共振的爱的频道，是让爱流动起来的基础。学会主动感恩、自我感恩的人，可以从他的精神生命的内在生发动力，让自己在做人做事的时候更加幸福。

（五）自信——精神生命的成年状态

自信是精神生命的“成年状态”。一个自信的人，是有健全人格的人，是价值观、人生观、世界观比较成熟的人，是能够对自己、对他人、对家庭、对社会负责任的人。“欧爸动能”追求的教育目标就是“让孩子成为自信的自己”，让孩子能够对自己的一生负责任。

自信是个人安全感、自尊感、价值感得到充分满足的结果。精神生命内在富足的孩子才是真正幸福的孩子，每个家人的精神生命都健康绽放的家庭才是真正幸福的家庭。自信的孩子就像太阳，走到哪里哪里亮，既能照亮自己，又能照亮别人。

自信是对未来幸福目标充满动力和能力的体现。当孩子在父母的陪伴支持下，在“家庭动能幸福系统”的影响和浸润下，成为自受、自喜、自拜、自恩、自信的自己时，他心里就好像有了一个发动机，这个发动机会让他由内而外释放出积极、阳光、正面、快乐和幸福等正能量，会让他对自身的动力和能力充满实实在在的自信，会让他对未来幸福的目标充满美好的期待。

相信只要越来越多的父母用心学习家庭教育，为孩子构建“家庭动能幸福系统”，学会真爱孩子，把父母对孩子的爱“倒过来”变成孩子自受、自喜、自拜、自恩、自信的资源，就会有更多孩子自信起来，成为更自信的自己！

三、强化六大真爱能力

爱是需要学习、练习和修习的一种能力，这种能力需要用动力和智慧去支撑。有人说胸怀是靠委屈撑大的，但是只要我们学会真爱，用真爱的三大宝藏和五大动力去支撑能力的发挥，我们就能尽量避免挫折和痛苦变成委屈和苦难。通过“心能”加上“行能”，我们就可以自然而然地拓宽心胸格局，无须依靠委屈来撑大胸怀了。

“欧爸动能”主要培养少年演讲家和父母学员六大真爱能力，具体如下：

（一）学会平等让人尊重

自尊面前人人平等，年龄不分大小，金钱不分多少，权位不分高低。我们只有平等地对待他人，不伤害他人的自尊，才能“倒过来”获得他人的尊重。

著名教育家陶行知在《小孩不小歌》中写道：“人人都说小孩小，谁知人小心不小。你若小看小孩子，便比小孩还要小。”他强调要教育孩子，就要尊重孩子、了解孩子、信任孩子。孩子虽小，也有自尊心，我们真心、平等地对待孩子，孩子才会“倒过来”听我们说话，才会“倒过来”尊重我们。

平等地对待孩子，至少需要注意这“三高”——身高、眼高、声高：身体的高度一般和气力的大小成正比，小孩子不适宜干重活，需要特别注意安全和休息；眼睛的高度决定了父母和孩子视野的差异，孩子看到的世界跟父母看到的世界可能根本不一样，有时候，需要父母蹲下身来，用孩子的视角看待世界；虽说“有理不在声高”，但是不少父母在跟孩子相处的过程中，总会忍不住大声“教育”孩子，这样做或许可以使孩子退让或者害怕，但是会严重破坏亲子之间的平等关系，进而透支父母在孩子心中爱的“存款”，夺去孩子对父母原本应有的尊重。

（二）学会真实让人接受

有些父母在孩子面前讲假话，在家里扮演不真实的角色，结果孩子拒绝接受，导致父母无法走进孩子的心灵。

作为欧爸的我，一直是用最真实的话语来跟少年演讲家们沟通和互动的。哪怕有谁表现不好，哪怕他在台上讲不出一句话，我也会理解他并真诚地帮助他。所以孩子们在我面前都特别愿意去尝试，愿意表现最真实的自己，因为他们知道欧爸是他们真实、亲切的朋友。

让我特别高兴的是，跟随“欧爸动能”学习的少年演讲家和他们的爸爸妈妈们，也学会了真实地表达自己的想法，真实地记录和分享他们日常生活中的点点滴滴。

建伟昨天晚上上街舞课，中途休息去厕所，因为地滑摔了一跤，腿磕到台阶上流血了。宝贝特别坚强，他摔了之后没有哭，还让我别告诉卓玛老师，免得她担心。在医院打麻药时他疼得手背、额头的汗都流下来了，但他却仍咬紧牙坚持着。我告诉他疼的话就哭出来，他说："流血流汗不流泪。"大夫表扬儿子坚强，还补充了一句"掉皮掉肉不掉队"。

打完麻药，儿子还想观察缝针的过程，大夫说最好别看，看了可能会留下心理阴影。于是他俩就攀谈了起来，儿子说这是他第三次受伤，第一次缝针。儿子问大夫每天给这么多惨兮兮的病人做手术害怕不？大夫就把他从医的经历告诉了儿子：他第一次给病人缝针的时候特别紧张，病人也紧张，最后病人受不了就反过来告诉他说，大夫你不要紧张，你一紧张我就更紧张！听完后，儿子跟大夫说："你现在做手术的状态很轻松自在，一点都看不出紧张。"他还问我生他的时候是不是也这么疼，我告诉他生他时虽然疼但也很幸福，儿子也说他现在虽然疼但也很幸福，大夫被我们的话感动了。

看到儿子的腿毛很浓密，大夫就把自己的小秘密告诉了儿子：他在二十岁之前，没有腿毛，别人说他雌性激素过旺，二十岁之后他的腿毛就噌噌噌地长出来了。儿子回应说叔叔的雄性激素发达了。聊着聊着儿子知道了大夫是部队转业的军人，原先是管军械的，儿子说他爸爸也是军人，也管过军械。做完手术大夫满头大汗，儿子又问大夫累不累？害怕不？大夫说不累，汗是热出来的，就说他开始从医时挺害怕，到后来就不怕了，还说儿子是他见过的最放松的病人。在儿子前面的一个23岁的小伙子就医缝针的时候还趴在女朋友的肩膀上哭。儿子听完后说：“我不哭，我是纯爷们。”

回家的路上儿子说他不吃肉了，我问他为什么，他说看到他自己的肉碰破后翻出来特别疼，又想到那些动物被杀时更疼，（所以）他今后要吃素。回到家后，卓玛老师问孩子的病情，他很轻松地安慰她：“没事，卓玛老师，您不用担心，只缝了三针，过几天就会好的。”卓玛老师夸赞宝贝好坚强。我问他从中有没有收获，他说今后走路一定注意，要保护好自己，身体的每一个器官都要保护好，“身体发肤，受之父母，不敢毁伤”。听到他这么说，我就明白了当时的一个情景——我看到儿子的腿在流血，赶紧给他擦掉血并背起他往医院走时，他趴在我的后背说“对不起妈妈”的真正含义。

从这个事件中，我也提炼了儿子的几个优点：

1．他“倒过来”为他人着想：不让卓玛老师担心，想到我生他时的疼痛，想到动物们被杀时的疼痛，生出了慈悲之心；

2．他坚强、勇敢、乐观地面对困难，是个纯爷们；

3．宝贝看到医院那么多意外受伤的病人后觉得生命最宝贵，所以他今后要保护好自己，爱他人；

4. 在医院等待治疗的过程中儿子没有浪费时间而是在读书，读了书之后还听了《水浒传》音频，珍惜每一分每一秒的时间，并能够充分利用课余时间给自己充电，时间观念很强。

——少年演讲家建伟（11岁）的妈妈分享

（三）学会欣赏让人喜欢

孩子一般从小都会喜欢自己的父母，这时候父母一方面要把这种喜欢继续升华到更高的动力级别上来，让孩子对父母产生崇拜、感恩和信仰（并非指对宗教等意识形态的信仰，而是指一种最高能量的动力级别）。

另一方面，父母要把这种孩子对他们的喜欢，转化为孩子喜欢其他人、事、物的动力来源，让孩子进一步去喜欢自己的老师和同学，喜欢在课堂上学到的知识和能力，喜欢中华民族的历史和文化，喜欢他目之所及的一切真、善、美。

“欧爸动能”从演讲出发，强调头有头力、口有口力、手有手力。用头力去欣赏他人就叫“头赏”，就在他人心中留下了“头德”；用口力去欣赏他人就叫“口赏”，就在他人心中留下了“口德”；用手力去欣赏他人就叫“手赏”，就在他人心中留下了“手德”。用好自己身上和身边所有的资源与能力去欣赏他人，我们就会成为“厚德”的人，这样才会被越来越多的人喜欢，才有可能做到“厚德载己”“厚德载人”“厚德格物”。

（四）学会推崇让人崇拜

我们要向新闻媒体学习如何向孩子推崇动能贵人，向他人推崇我们的孩子。

注意我们在推崇的过程中，不是炫耀自己或孩子有多么厉害，而是“倒过来”为孩子的成长、改变和突破构建更大的动能系统，推崇的过程是一个增强孩子动力和能力的过程。

以下是一位长期跟随“欧爸动能”学习的少年演讲家，向我推崇她自己和家人近期的成长。虽然相隔千里，但读了她发过来的文字，我依然十分感动，这就是推崇的力量。

> 我是少年演讲家王湉贻，带着感恩的心向您汇报我最近的好消息：我以三科全优的成绩，圆满结束了小学生涯。从开始的浮躁到现在的努力，有了您的鼓励，我放开了，就如一朵花开放了，我才有了现在的好成绩。遇见您是一种幸运，您是我生命中的动能贵人！
>
> 在您这里，我成长了、改变了、突破了，我树立了自己的理想，有了奋斗的目标，找到了动力去学习，通过您的“动能演讲学习法”，我发现了学习的乐趣，提高了学习成绩，提升了演讲能力。
>
> 因为遇见了您，我从一个被迫学习的女孩，变成了学习的“志愿军”；从一个对父母不尊敬的女孩，变成了懂得在父母心中“存款”的女孩。

因为遇见了您，我们家也发生了改变：爸爸以前在家时很少说话，有时甚至不说话，现在他和我们无话不说，还会关心我们的情绪；妈妈以前脾气暴躁，现在有事就跟我和弟弟商量，懂得体谅别人的情绪了；弟弟以前淘气、不听话，现在懂事多了，是父母生病时知道照顾人的小男子汉。

欧爸，您教会了我应该用动力去学习，还教会了我爱要大声说出来，不能憋在心中。所以在这里，我要向您和爸爸妈妈说，我爱你们！

——2018年天津少年演讲家王湉贻分享

（五）学会鞠躬让人感恩

当我们能够做到放下自我，尊重他人的付出，并且通过鞠躬等行为来表达自己心里的感恩的时候，我们就活在自恩的动能级别上了。当我们养成习惯，能够真诚、礼貌地对身边的人说一声“早上好”“你好”“谢谢”时，我们的幸福感就会大大增加。

为了帮助大家更加及时、真实、有效地表达感恩，我创作了一套“倒过来”爱的鞠躬动作，具体如下：

图27　“倒过来”爱的鞠躬

当我们常常心怀感恩并付出感恩行动时，我们就会发现这个世界上没有那么多理所当然，而值得感恩的人、事、物则会越来越多。这些东西不会成为我们的负担，而会为我们的勇敢前行增添力量。

（六）学会分享让人自信

好孩子不是夸出来的，也不是罚出来的，更不是打出来的，好孩子是分享出来的！我们做父母的，一定要让自己的孩子建立自信，分享自信。我们一次次分享孩子点点滴滴的成长过程，既是对陪伴支持孩子的自我检查，也是对我们自己建立教育自信的自我鼓励。更重要的是，当我们向他人分享孩子的成长、改变、突破时，我们正在为孩子构建一个家庭之外的大动能系统，它将给孩子带来更有力的陪伴支持。

从另一个角度来看，如果连我们都不为孩子去分享，如果连我们都对孩子没有信心的话，孩子就更难建立自信了。我们一定要记住，哪怕所有人都不相信我们的孩子，我们也要坚信孩子，理解他、心疼他、包容他、帮助他、爱他，让他有足够的勇气和动力去面对困难、战胜困难。

以上这部分可能是各位父母最感兴趣的内容了，但是企图通过几个妙招就搞定孩子，企图通过几个词句就实现家庭幸福，那是妄想。教育从来不是一件一劳永逸的事情，孩子是一天天一点点地成长、改变和突破的，父母也需要坚持学习、练习和修习。幸福是奋斗出来的，更是用心、用爱经营出来的。

我相信每一对父母都愿意为了孩子的自信成长，为了家庭的幸福和睦，投入自己的时间和精力，我也期待越来越多的父母关注自我的成长，关心孩子的精神生命。如此，才能真正做到让爱回家，让家庭幸福起来！

欧爸动能·22天奇迹陪伴系统

第14天爱的练习

1. 制作并完成“家庭动能贵人表”“家庭动能贵事表”和“家庭动能贵物表”。

2. 每人分别制作自己的“目标状”。

3. 和家人练习“倒过来”爱的鞠躬，并至少向三个人演讲并推崇自己的家人。

第三节 构建新时代的“家庭动能幸福系统”

一、上门“家庭诊断”

常言道“清官难断家务事”“家家有本难念的经”，家庭之事为什么清官也难断？面对那本“难念的经”我们到底该怎么办？

“欧爸动能”认为，家庭不是法庭，家庭不是单纯讲法、讲理的地方。如果我们在家里还是坚持公说公有理，婆说婆有理，到最后就会把亲情说没了，把亲密关系说没了，甚至把家都说没了。家庭中所有的矛盾、纠纷、痛苦，都是因为家人之间观念不能达成一致。要想解开这本“难念的经”，让家庭之事变得轻松、明确、不“难断”，就必须要在家里实现三个统一：统一思想、统一目标、统一行为。

在家庭中，每个人的角色不同，性格、年龄、社会阅历、文化水平、人生经验等也都各不相同。要想在家里做到所有人统一思想、统一目标、统一行为，不是一件轻松的事情。但是为了减少家人之间的矛盾，让更多家庭走出家庭教育的误区，避免更多家庭悲剧的发生，“欧爸动能”十余年来一直坚持在实践中探索。

如何在家里实现三个统一，构建新时代的“家庭动能幸福系统”？我们总结出了三大法宝：一是家庭诊断，二是家庭陪伴支持，三是“家庭动能幸福系统”的定制与带教。

我在第四章讲动能贵物时提到了家访，指出只有走进孩子家里才能走进孩子心里，只有走进孩子家里才能察觉孩子的动能系统哪里出了问题，只有走进孩子家里才能更好地形成家校教育合力。家访是学校教育的重要一环，但这种从学校教育出发的家访是短暂的、片面的、不够深入的。为此，我从家庭教育的角度提出了“家庭诊断”的概念。

家庭诊断是指由专门的家庭教育工作者对家庭环境、家庭陪伴、家庭学习、家庭目标、家庭关系、家校沟通等方面进行全方位的考察和分析，并从构建“家庭动能幸福系统”的角度给出一套系统的改善方案。

家庭诊断是家庭教育介入的前提，因为每个家庭都是独一无二的，每个家庭都面临着不同的现状，而且家庭教育介入的方式、时间、程度都需要仔细考量。相对于医院、学校、公司、餐馆等公共场所来说，家庭是一个存放了太多隐私的区域。家庭诊断就是要通过既不伤害被介入家庭，又能保护家庭教育工作者的方式，了解家庭实际情况，理清家庭陪伴的支持需求，进而为制定“家庭动能幸福系统”的改善方案提供必要信息。

目前，“欧爸动能”已经逐步建立了一套相对系统、科学的家庭诊断方案，有需要的家庭可以选择远程电话咨询、网络自填表格、实时视频诊断、上门入户诊断等多种方式来进行家庭诊断。

下面列举几段少年演讲家家庭的诊断报告文字：

11岁半，男孩，六年级，三口之家。爸爸是某地产公司职业经理人，妈妈自由职业，夫妻恩爱，但双方在孩子教育方面存在分歧导致矛盾产生。家中连续6年雇了保姆，孩子自理能力较差，生活习惯不好。爸爸工作忙，很少陪伴孩子，有时会用在公司当领导的管理方法教育孩子，曾经打骂过孩子，父子关系差。妈妈经常为孩子的学习、生活感到苦恼，有时会与孩子争吵。

孩子刚转学到一个新学校，离家19公里，每天需要早起赶校车，影响休息时间。孩子还没有适应新学校、新环境，对班主任（兼数学老师）印象不好，有抵触情绪。孩子平时睡在书房的沙发床上，既影响学习效率，又影响睡眠。数学、英语是他的优势科目，但数学方面存在粗心失分的情况，对语文字词的掌握需加强。

（以上文字节选自动能陪伴师A的“家庭教育诊断报告书”）

四口之家，姐姐12岁，弟弟8岁，爸爸工作日在广州上班，周末回家，妈妈是家庭主妇，长期陪伴孩子。父母反映孩子的学习动力不足，希望得到改善。爸爸周末回家后有时会做家务、煮早餐，但在教育孩子方面夫妻意见不统一，爸爸有时在孩子面前直接说妈妈哪里不对。妈妈平时包办所有家务，两个孩子偶尔倒一下垃圾。

孩子放学回家会主动写作业，但是注意力不集中，拖延现象较严重。妈妈经常与学校老师沟通，但是没有达到预期效果。尤其是弟弟，经常被老师在班上当众批评，非常打击他的学习积极性。家里有很多书籍，但是较为杂乱，父母的书和孩子的书混在一起，孩子的书桌上有零食、玩具等，易分散学习注意力，影响学习效率。孩子的语文作文存在偏题的问题，姐弟俩的阅读总结能力有待提高，英语发音需要更多练习。

（以上文字节选自动能陪伴师B的“家庭教育诊断报告书”）

以上这些文字是由“欧爸动能”课程培养的动能陪伴师在其“家庭教育诊断报告书”中写下的，是对学员家庭现状的定性描述。这些信息一般由动能陪伴师通过前期访问和家庭现场观察得出，这能够让我们对学员家庭有一个整体的了解。

这是家庭诊断的基础部分，从这些信息开始，动能陪伴师将根据家庭需要和实际工作，继续开展家庭关系诊断、家庭环境诊断、家庭习惯诊断、家庭健身诊断、家庭学习诊断、家庭目标诊断等工作内容。

列夫·托尔斯泰说："幸福的家庭都是相似的，不幸的家庭各有各的不幸。""欧爸动能"认为，幸福的家庭相似的是他们都构建了较为完善的、充满爱与温馨的"家庭动能幸福系统"。在追求精神生命幸福、自信的新时代里，家庭的不幸不是指物质方面的困难，而更多的是指精神方面的匮乏。

在这里我也要纠正一点，并不是说我们的学员家庭都是不幸的家庭，其实他们的家庭无论是从物质方面还是精神方面来说，或许都比许多家庭要好，只是他们更加重视"家庭动能幸福系统"的建设，更加愿意为自己和孩子精神生命的幸福、自信投入罢了。

让问题孩子没问题，让优秀孩子更卓越，这是"欧爸动能"一直秉承的教学理念。在我们看来，孩子在某些方面有了缺点（非先天形成），这其实是他精神生命缺爱的表现。我们需要做的就是通过家庭诊断，找到缺点和缺爱之间的具体联系与作用机制，这样才能做到"对症下药""药到病除"。

二、开展"家庭陪伴支持"

在家庭诊断的基础上，根据每个家庭的不同需求，经过学员家庭的主动申请，以及"欧爸动能"总部的审批与选派，动能陪伴师将在学员家庭里进行一段时期的家庭陪伴支持工作，以进一步支持学员家庭构建和完善"家庭动能幸福系统"，解决家庭问题，巩固幸福基石。

动能陪伴师和动能父母导师一样，都是令我倍感自豪的新兴职业。经过系统化、专业化的培训，动能陪伴师能够在学员家庭里，和学员一家人同吃、同住、同学习、同成长，陪伴支持他们一起构建“家庭动能幸福系统”。这是前所未有的事情，这是“欧爸动能”开创的一条新时代家庭教育道路。

自2011年起，我每年在全国重点高校挑选优秀毕业生，把他们培养成合格的动能教育专员（简称“动能专员”）。

动能专员的主要工作是在线上、课程、基地和演讲游学现场等不同场景陪伴支持少年演讲家。

通过培训考核的动能专员可获得动能陪伴师申请资格，若经审核达标，动能专员便进阶为初级动能陪伴师。只有动能陪伴师才有机会走进学员的家里开展家庭陪伴支持工作，全力协助学员构建“家庭动能幸福系统”。

培养一名动能陪伴师实属不易，具体步骤如下：

首先，动能陪伴师在年龄上要尽可能与孩子接近。这些优秀的高校毕业生是在年龄上最接近孩子的成年人。年龄上的相似，意味着他们能够相互理解，意味着他们的沟通互动没有障碍，意味着他们将如同学、朋友、兄弟、姐妹那般亲近。

其次，动能陪伴师在心理上要尽可能与孩子同频。动能陪伴师和学校的老师、孩子的父母不一样，他们不会直接解决孩子的问题，不会直接改掉孩子的缺点，而是和孩子一起构建“家庭动能幸福系统”，进而巧妙地解决问题、正面影响孩子。

最后，动能陪伴师在行为上要尽可能与孩子同步。动能陪伴师在家陪伴支持少年演讲家的时候，要重点协助他们培养三大习惯——独立生活的习惯、动能健身的习惯、演讲学习的习惯。

动能陪伴师从动力和能力入手，全面改善少年演讲家学员的家庭环境、亲子关系、师生关系和家校关系，帮助少年演讲家完成心理疏导、优势分析、目标量化和生涯规划。可以说，一个动能陪伴师，就代表一份构建“家庭动能幸福系统”的责任，就代表一份家庭陪伴支持工作的幸福。

26天的陪伴支持结束了，我们一家人非常的不舍。11月9日的早晨，凯歌飞回广州了，他在我们家每一位成员的心中都留下了爱，“存了很大的一笔款”。每一次的离别都是为了下一次更好的相遇，期待下一次与凯歌的相遇！

感恩凯歌，谢谢你教会了我和弟弟如何“全心全意，做人的同时做事；全力以赴，做事的同时做人”。谢谢你教会了我和弟弟如何去规划时间，合理利用好每一分、每一秒。你让我在迷茫中找回了自我，明确了自己的目标与梦想，让我知道当下我应该做什么。我和弟弟也学会了如何“倒过来”去理解父母、关心父母。你做的麻婆豆腐和可乐鸡翅，让我和弟弟都大饱口福！

欧爸说：“做以前没做过的事叫成长，做以前不敢做的事叫改变，做以前不愿意做的事叫突破！”是你让我在这26天里有了这么大的成长、改变和突破！感恩有你！

虽然在这26天里，我的父亲工作忙，不经常在家，我的母亲因为身体不好也不在状态，但他们还是每天关注着我们，给我们动力和鼓励！母亲身体不好，但是她依然坚持阅读欧爸的书籍，跟着凯歌学习。父亲工作繁忙，但他还是每天回来给予我和弟弟“动能锤”“动能棒”，然后晚上又去医院陪伴我的母亲，我觉得他非常了不起！跟随欧爸学习后，我父亲也学会了为我的母亲分担家务，所以我要为我的父亲点赞！

再来说说我那可爱又自信的弟弟吧！我的弟弟变得越来越自信，越来越勇敢了。我的弟弟特别细心，他懂得去照顾爸爸妈妈，关心爸爸妈妈，偶尔也会为妈妈分担家务，特别懂事！我要为我的弟弟点赞！

感恩欧爸为我和弟弟，为我们家庭构建这个爱的能量场，让我们从中吸收爱！如果有机会的话，我也要成为和您一样的人，帮助更多的家庭，把这份爱继续传播下去，让更多中国家庭幸福起来！

——节选自少年演讲家佳尧写给高级动能陪伴师凯歌的信

近十年来，我培养的动能陪伴师们，以其系统化、专业化、个性化、实效化的陪伴支持工作，深受少年演讲家学员家庭的喜爱与推崇。

在新时代，孩子不缺教知识的老师，但是缺能够走进他们心灵的导师。其实每个孩子都是创造奇迹的人，只是我们要通过陪伴支持，帮助他构建创造奇迹的动能系统。

三、家庭动能幸福系统的定制与带教

幸福不是两三天的事情，而是每个家庭长期的奋斗目标。所以构建“家庭动能幸福系统”不是一劳永逸的，它需要我们在陪伴、支持孩子成长的过程中，持续用心地投入和经营。

“欧爸动能”开创的家庭教育事业，就是要实现“家庭动能幸福系统”的定制与带教，助力父母和孩子构建符合他们家庭特点和优势的家庭动能幸福系统，真正做到让爱回家，让孩子的精神生命有个家。为此，“欧爸动能”依据“动能级别论”，并结合十余年家庭教育亲子培训的实践经验，研发了有六个层级的“家庭动能幸福系统”定制课程：

1. 家庭动能自尊系统——欧爸动能·22天奇迹陪伴系统
2. 家庭动能自受系统——欧爸动能·合格家庭系统；
3. 家庭动能自喜系统——欧爸动能·优秀家庭系统；
4. 家庭动能自拜系统——欧爸动能·精英家庭系统；
5. 家庭动能自恩系统——欧爸动能·卓越家庭系统；
6. 家庭动能自信系统——欧爸动能·领袖家庭系统。

其中，自尊系统（即家庭动能自尊系统，下同）主要通过网络渠道进行教学和陪伴，掌握构建“家庭动能幸福系统”的基础要求，帮助父母让孩子在家庭中找到安全感、自尊感和价值感，让自尊之爱回归家庭。

自受系统、自喜系统和自拜系统主要通过一段较长时间的线上专人陪伴和线下亲子课程，以及相应的动能陪伴师上门陪伴支持工作，构建并完善“家庭动能幸福系统”，逐步帮助父母和孩子达到自受、自喜、自拜的动能级别，让自受之爱、自喜之爱和自拜之爱在家庭生根发芽。

自恩系统则是在自拜系统的基础上，通过实地演讲游学拓宽心胸格局，强化心能、行能，让少年演讲家们到全国各地去游学实践，并打造“少年演讲家”个人演讲品牌——“少年讲师”，用自己的实际行动做到“小爱爱自己、中爱爱家庭、大爱爱社会”，最终成为卓越的少年演讲家。

自信系统是整个“家庭动能幸福系统”系列课程的高端课程，主要为两类家庭提供服务，第一类是长期跟随“欧爸动能”学习的少年演讲家家庭，他们长期在“欧爸动能”各类课程中浸泡、修炼，不仅对“欧爸动能”有强烈的认同感和信任感，自己也获得了显著的成长、改变和突破，甚至已经影响并帮助了一大批其他家庭；第二类是经过“欧爸动能”总部考核，具备良好的身心素质、扎实的经济文化基础和充沛的演讲分享动能的少年演讲家家庭，他们将和第一类家庭一起，在世界各地传播“欧爸动能”家庭教育智慧和文化。这一批少年演讲家将以更高的定位和标准要求自己，全心全意、全力以赴争做“少年领袖”。

我们认识到，构建“家庭动能幸福系统”不能单纯依靠父母和孩子的自觉，甚至不能依靠短期的课程学习与课堂练习，必须要有专业师资力量和长期的陪伴支持，“欧爸动能”为此特别建立了“带教陪伴支持制度”（简称“带教”）。

图28　少年演讲家在广东惠州海边练习演讲

图29　少年演讲家在深圳证券交易所演讲游学

图30　少年演讲家在澳大利亚悉尼大学演讲游学

带教主要由三种“欧爸动能”的师资力量完成：

一是父母导师。父母导师是最贴近学员家庭的带教者，他们也有自己的孩子，他们或许就在某学员家庭的同一个小区、同一条街道或者同一个城镇里，可以为学员家庭提供最及时、最贴心的带教陪伴支持。

二是动能陪伴师。经过家庭陪伴支持系统培训的动能陪伴师，是最受父母学员和少年演讲家喜爱的带教者，他们平时在各地的动能学院为少年演讲家提供专属陪伴支持服务，包括课程陪伴支持、活动陪伴支持、演讲陪伴支持等；经学员家庭申请后，动能陪伴师可上门提供家庭诊断服务，进行短期（7天）、中期（14天）或长期（22天）的家庭陪伴支持服务，更加具体化、个性化地陪伴支持学员家庭构建“家庭动能幸福系统”。

三是动能名师。针对有更高陪伴支持服务要求的家庭，或者一些有特殊情况（如距离远、有疾病、有紧急事件等）不便预约上门陪伴支持服务的家庭，他们需要更专业、更有经验的带教者。一方面，动能名师可以通过远程咨询答疑解惑，缓解学员家庭当下的矛盾和危机；另一方面，动能名师可以综合运用相关社会资源，及时支持学员家庭建设与维护“家庭动能幸福系统”。

“家庭动能幸福系统”的定制与带教，是“欧爸动能”十余年坚持深入研究和实践家庭教育的成果。有一大批少年演讲家学员家庭已经通过它尝到了家庭幸福的滋味，我们希望有越来越多的家庭开始有意识地、自觉地构建属于他们的“家庭动能幸福系统”，让爱回家，让孩子的精神生命有个家。

欧爸动能·22天奇迹陪伴系统

第15天爱的练习

1. 一家人一起清理家里的“阻能鬼物”。
2. 制作家庭健身方案，并至少执行一周。
3. 总结并分享家庭近一个月以来的幸福点滴。

结语

各位爸爸妈妈，很开心这本书陪伴你度过15天爱的学习、练习，和接下来7天爱的修习，一共恰好22天。

让爱回家，爱本来就在家中，只是一时不注意，被我们忽略、冷落了。假如我们拭去那些烦恼和忧虑，摒弃那些抱怨和争吵，真正构建起一个“家庭动能幸福系统”，就能做到让爱回家。

天底下所有的爱都是为了更好地在一起，唯有父母对孩子的爱是朝向分离。有爱之动能的家，不会成为孩子成长的绊脚石，而会成为孩子远行的指向灯。

心灵有家的孩子，永远不害怕孤单。愿我们共同努力：让爱回家，让孩子的心灵有个家！